Karl-Heinz Raach
Jochen Faget

Bilder aus Portugal

Suche nach der lusitanischen Seele

Eigentlich hatte ich mir geschworen, mich nie wieder am Thema Portugal zu vergehen. Zumindest nicht in so großem Ausmaß. Immer, wenn ich meinen portugiesischen Freunden stolz eines meiner im Druck erstarrten Geistesprodukte über Portugal gezeigt habe, sind diese über mich hergefallen: „Dies hast du vergessen, das fehlt, jenes hast du noch immer nicht begriffen. Wir sind eben anders als ihr." Sie sind es wirklich, die knapp zehn Millionen Portugiesen in Europas westlichstem Land, knapp so groß wie das Bundesland Bayern, gerade so einwohnerstark wie Österreich. Aber gehören sie denn eigentlich zu Europa? Das riesige Spanien im Nacken, haben die Portugiesen sich schon immer auf das Meer hin ausgerichtet, mit ihren Entdeckungen der Welt neue Welten gegeben, wie sie so schön sagen. Gerade heute in den Zeiten der grauen EG-Einheit lauert in Lissabon wieder Afrika an allen Ecken: Manchmal fühle ich mich vor dem Nationaltheater Dona Maria II am Rossio eher auf einen afrikanischen Marktplatz versetzt, wenn ich die Schwarzen in ihren bunten Trachten dort sehe. Die Baustellen des modernen Portugals sind von Kapverdianern und Guineern bevölkert; sie bauen die Apartments, die sie sich nie werden leisten können. Die Lissabonner Nächte sind voller afrikanischer Musik, angolanische Diskotheken platzen am Wochenende aus allen Nähten.

Portugal steckt im Umbruch, wird mit EG-Milliarden in kürzester Zeit vom 18. ins 20. Jahrhundert geliftet. Der Regierung geht es zu langsam, vielen Portugiesen zu schnell: Groß war der Sprung vom Armenhaus Europas zum High-Tech-Lissabon des Amoreiras-Einkaufszentrums. Und prompt besinnt sich Portugal, während das böse, aber wahre Wort von der Festung Europa die Runde macht, auf seine außereuropäischen Wurzeln, richtet den Blick wieder nach Afrika. War die *lusitanische Seele* für einen Ausländer schon immer schwer zu erfassen, jetzt, wo dieses Buch erscheint, ist es noch schwerer. Denn nicht zwei, sondern unzählige Seelen wohnen zur Zeit in des Portugiesen Brust.

Nehmen wir zum Beispiel *Guimarães*, die Stadt im Minho, die sich geschichtsbewußt die Wiege Portugals nennt. Dom Henrique, Fürst des *Condado Portucalense* hat hier auf die Unabhängigkeit von Castela und Leon hingearbeitet, die Infrastrukturen der Macht geschaffen, die erst sein Sohn Afonso Henriques an sich reißen konnte. Stolz ragt die Burg in die Höhe, ihr Grundriß gleicht dem mächtigen Schild, der auf dem portugiesischen Wappen prangt. Schwierig und schmerzhaft war die Loslösung vom mächtigen Spanien, viele Schlachten wurden gewonnen und verloren, bis erst 1140 die hochoffzielle Anerkennung durch den Papst kam. König Afonso Henriques hatte da bereits einen Großteil des heutigen Portugals in einer rasenden *Reconquista* von den Mauren zurückerobert, eine stolze Burg in Leiria errichtet, Santarém und Beja genommen. 1147 zieht er in Lissabon ein, unterstützt von europäischen Kreuzrittern, unter ihnen auch viele Deutsche.

Irgendwann damals muß dieses lusitanische Sendungsbewußtsein entstanden sein eine Mischung aus Kreuzzugsgedanke und Krämersinn –, das die Portugiesen knapp dreihundert Jahre später bis nach Afrika trieb, um das Kap der Guten Hoffnung herum nach Indien, nach Brasilien und bis nach Japan und China. Einerseits auf der historischen Suche nach dem Priesterkönig Johannes, dem *Preste João*, mit dem sie Jerusalem von den Heiden befreien wollten. Andererseits verbunden mit dem lukrativen Gewürzhandel, der die Portugiesen eine kurze Zeit lang unglaublich reich gemacht hat.

Guimarães ist fast ein Abbild des heutigen Portugals: Da gibt es noch das Alte, die Burg, die romanische Kirche, in der der erste König getauft wurde, den *Paço dos Duques*, den ersten Palast der Bragança-Dynastie mit seinen vielen Schornsteinen, den gotischen Platz Praça de Santiago, zu dem die Gassen der Altstadt führen. Ein überdachter Pranger in der Mitte, Kirche und Arkaden darum herum. Keine 500 Meter weiter das neue Guimarães: Überfüllte Straßen, Parkplatznot, und am Stadtrand schießen häßliche Wohnblocks und Einkaufszentren wie Pilze aus dem Boden. Von der mittelalterlichen Stadtmauer stehen nur noch Reste, sie mußte dem Fortschritt weichen. Dem Paço dos Duques wäre es übrigens fast genauso gegangen: Ein besonders progressiver Bürgermeister schlug 1836 vor, das stark verfallene Bauwerk abzureißen, nur eine Stimme Mehrheit im Stadtrat hat es damals gerettet.

Das Nebeneinander von ungehemmtem Fortschrittsglauben und sturem Festhalten am Alten wird im *Minho* bei *Guimarães* besonders deutlich: Der *Casa de Sezim*, einem alten Gutshaus aus dem 17. Jahrhundert vor den Toren der Stadt, zum Beispiel rücken Fabriken und neu gebaute Gastarbeiterhäuser immer näher. Hinter den altehrwürdigen Mauern dagegen empfängt António Pinto de Mesquita mit seiner Frau Touristen zwischen wertvollen Tapeten aus dem 18. Jahrhundert. „Erstens können wir nur so das Stammhaus unserer Familie unterhalten und zweitens macht es uns Spaß, hier Gäste zu haben", erzählt der frühere Protokollchef des portugiesischen Außenministeriums. Nebenan arbeiten Kleinlandwirte mit Ochsen auf ihren Minifeldern; die Fabriken, wo sie beschäftigt sind, haben Mittagspause. Ein portugiesisches Klischee: Im Minho sind alle fleißig und arbeitsam. Zu arbeitsam, meinen die Gewerkschaften – Stichwort: Kinderarbeit.

In Ronfe zum Beispiel, einem Dorf gerade 16 Kilometer von der Wiege Portugals entfernt, lebt der 16jährige Nelson mit seinen Eltern und drei Geschwistern in einer Drei-Zimmer-Sozialwohnung. Zur Zeit ist er arbeitslos, bis vor kurzem war er in einer Textilfabrik beschäftigt. Mit 14 hat er dort angefangen, weil er mitverdienen mußte: Schichtarbeit, manchmal bis zu 12 Stunden, oft nachts. Rausgeflogen ist er, weil dem Chef die Arbeitsaufsicht auf den Pelz gerückt ist. Und weil Nelson etwas klein geraten ist, mußte auch er gehen. Sein Vater hat keinen Job, zur Zeit verdient nur die Mutter als Putzfrau den Familienunterhalt. Nelson tut sich schwer, neue Arbeit zu finden. Er ist schon zu alt, hätte ein Anrecht auf bessere Bezahlung, Sozialleistungen und Arbeitsvertrag. Nelson ist keine Ausnahme: Nach Gewerkschaftsschätzungen arbeiten rund 150 000 Kinder unter 16 Jahren in Portugal. Übersehen kann man sie nicht, weder in den Textilfabriken bei Guimarães noch beim Bau der Apartmentblocks, die um die altehrwürdige Erzbischofsstadt Braga wie Pilze aus dem Boden schießen.

In Braga haben das moderne Portugal und die EG besonders gnadenlos zugeschlagen. Der historische Stadtkern mit seinen unzähligen Kirchen wird von Neubauvierteln erdrückt, und selbst die großzügig und

mehrspurig angelegte Hauptstraße Avenida da Liberdade ist dem Verkehr schon nicht mehr gewachsen. Braga ist eine der Boom-Städte Portugals, zweimal am Tag mit dem *InterCidades*, der portugiesischen Intercity-Version, an das immerhin 300 Kilometer entfernte Lissabon angebunden. Grundig produziert dort Stereoanlagen, Blaupunkt Autoradios. Eine vor 5 Jahren geschaffene Universität, die natürlich dem Zeitgeist gemäß eng mit der Industrie zusammenarbeitet, hat Braga in ein High-Tech-Zentrum verwandelt, schnell und billig gebaute Fabriken rund um die Stadt zeugen davon.

Ich sitze im *Café Brasileira* mit seinem Jugendstildekor und denke zehn Jahre zurück: Das schicke Schuhgeschäft am rechten oberen Ende der Avenida da Liberdade war damals ein noch viel schickerer Teesalon. Da saßen die aufgedonnerten Damen Bragas mit ihren leicht violett gefärbten grauen Haaren und nippten an ihren Tassen. Der Kellner hatte mir damals augenzwinkernd verraten, daß er die bauchigen Kannen nicht etwa mit Tee, sondern mit Weißwein aufzufüllen pflegte. Heute sind die über ihre letzte Einkaufsreise nach Porto schnatternden Damen mit den grau-violetten Haaren verschwunden. Sie könnten sich auch keine Abenteuer mehr erzählen, in Braga gibt es inzwischen alles, sogar ein postmodernes Hyper-Einkaufszentrum. Der Ober der Brasileira, zumindest im Jugendstil geboren, stellt mir würdevoll meinen Kaffee vor die Nase. Wie Braga sich denn so verändert hätte, frage ich ihn. Ein gelassenes Schulterzucken ist die Antwort: „Die Zeiten ändern sich eben, junger Mann – so ist das im Leben." Das Café Brasileira zumindest trotzt den Veränderungen. Und auch die Altstadt, die gleich nebenan beginnt.

Von der Brasileira ziehe ich weiter zur *Sé*, zur Kathedrale von Braga. Schließlich ist Gründonnerstag, und Braga ist berühmt für seine Osterprozessionen. „Das ist für die Kinder fast so schön wie Karneval", erklärt mir ein Mann, neben den ich mich in die Menschenmenge gedrängt habe, in fließendem Gastarbeiterdeutsch. Hunderte von plastikbeflügelten Kinderengeln schwirren vorbei, wohl auf der Suche nach ihrem Platz in der Prozession. Römische Soldaten tragen Pappschwerter, ‚Versuchungen Christi' kichern blaugewandet, schmerzensreiche ‚Gottesmütter' tragen degendurchbohrte Herzen auf der Brust, ‚Sühnen' falten die Hände. Dem religiös nicht so firmen erklären auf dem Rücken angeheftete Papierblätter den Sinn der katholisch-allegorischen Kar-Maskerade. Nur Petrus spielt nicht mit: Es regnet in Strömen, und nach zwei Stunden des Wartens hat sich herumgesprochen: Die Gründonnerstagsprozession findet wegen schlechten Wetters nicht statt, vielleicht ist es am Karfreitag ja besser.

Es war besser, und die ‚Beerdigung des Herrn' hat wirklich stattgefunden. Ich war trotzdem enttäuscht, von den traditionsreichen Bruderschaften Bragas hätte ich mehr erwartet. Sicher, die barfüßigen Büßer mit ihren schwarzen Kapuzen waren da, der Bürgermeister, der Universitätsrektor, der Erzbischof, die Feuerwehr und all die Kinder. Aber das ‚unvergeßliche Spektakel' ist in nicht einmal 20 Minuten vorbeigerauscht. „Es ist eben alles nicht mehr so wie früher", hat Sr. Martins mich getröstet. Er ist Wirt des *Sansibar*, einer Kneipe im Neubaustadtteil *Carandá*, und ich kenne ihn und seine Steaks nach Art des Hauses seit Jahren.

„Da soll noch einmal jemand behaupten, in Braga wird gebetet, in Porto gearbeitet, in Coimbra studiert und in Lissabon gelebt", protestierte ich in der Schweineküche von Senhor Neves. Seit er den alten Schweinestall seines Hauses beim mittelportugiesischen Leiria zu einer Art Wohnküche umgebaut hat, treffen sich hier jedes Wochenende Familie und Freunde. Die *Cozinha dos Porcos* ist eine Oase, die dem wild um sich greifenden Fortschritt trotzt. Mag ganz Portugal mit EG-Mitteln zugeteert werden und die Regierung den Portugiesen einbleuen, sie müßten noch bessere Europäer werden, die langen Stunden am offenen Feuer sind Senhor Neves heilig. Meine Enttäuschung über die kurze Osterprozession von Braga wurde zwischen Bohnensuppe und gegrilltem Schweinefleisch

kommentarlos registiert, das Thema Kinderarbeit mit der Bemerkung „Es könnte ja sein, daß es den Kindern so gefällt" vom Tisch geräumt. Außerdem: „Auch wir haben früher unseren Eltern geholfen, und es hat uns nicht geschadet. Ziegelschleppen am Bau andererseits, das ist schon sehr hart", überlegte Senhor Neves. Und ob ich bei meiner Reise in den Norden Neunaugen gegessen hätte, wollte man wissen.

Lampreia heißen die aalähnlichen Meerestiere auf portugiesisch, die angeblich aus der Saragossa-See kommen und ab Dezember die Flüsse zum Ablaichen hochziehen. Bei einer Sandbank südlich von *Ponte de Lima* hatten Fischer ein natürlich illegales Netz über den Lima-Fluß gespannt. Jeweils zwei Mann sind die halbe Nacht im Boot daran entlang gefahren, einer rudert, der andere starrt angestrengt auf das dunkle Wasser. Mit einem harpunenähnlichen Haken werden die Neunaugen gefangen, dürfen auf keinen Fall getötet werden. Sie bringen nur lebend gutes Geld, kein Wirt kauft die toten. Wochenlang, schon seit dem Ende der Schonzeit, kampieren die 12 Fischer hier, sie sind gut gelaunt, denn der Fang war gut. Zigaretten werden geraucht, und ein Gläschen wird getrunken. Als die ersten Kunden kommen, läßt Senhor Durão, Chef der Gruppe, die gefangenen Neunaugen aus den Säcken ins Boot schütten. Sie winden sich wie Schlangen, saugen sich am Holzboden fest. In nicht einmal 10 Minuten sind alle verkauft.

Gegessen habe ich Neunaugen natürlich auch, im *Encanada*, gleich neben dem Markt von *Ponte de Lima*. Bei einem Verdauungspaziergang durch die Altstadt habe ich dann das neue alte Portugal entdeckt, mit fröhlich rotgestrichenen Fensterläden und herausgeputzten Granithäusern. Ponte de Lima hat sich zu seinem Vorteil verändert, sogar die alte Steinbrücke, von der der Ort vielleicht seinen Namen hat, ist endlich für den Verkehr gesperrt, ist wieder zu einem Treffpunkt der Bevölkerung geworden. In früher leerstehende Häuser ist neues Leben eingekehrt, auch wenn Tante-Emma-Läden jetzt Computer-Shops sind und eine alte Weinkneipe sich in eine moderne Bar mit Galerie verwandelt hat.

Endlos grün ist das Lima-Tal westlich von *Ponte de Lima.* Gutshäuser aus dem 18. Jahrhundert, die hochgezogenen Reben des *Vinho Verde,* Ochsenkarren, eine Zellulosefabrik und moderne Gastarbeiterhäuser, denen man ansieht, in welchem Land ihr Besitzer sich das Geld für ihren Bau verdient hat. All das nehme ich auf der Fahrt nach *Viana do Castelo* wahr, hüte mich, es zu werten. Nur zu gut erinnere ich mich an den Entrüstungssturm, den ich in der Schweineküche einmal mit meiner Kritik an der portugiesischen Landschaftszersiedlung ausgelöst habe. „Willst du etwa, daß wir hier alle in Steinhütten ohne Wasser und Strom leben", hatte Jorge mich angefahren, „nur damit ihr Touristen euch an der Idylle erfreuen könnt?" Selbst angesehene portugiesische Architekten nennen den Gastarbeiterstil ein architektonisches und soziokulturelles Phänomen, mit dem das Land leben müsse. Wer ein halbes Leben im Ausland geschuftet hat, will zu Hause zeigen, was er sich jetzt leisten kann, sieht in seinem Schwarzwaldhaus mit Blick aufs Lima-Tal ein Symbol des Fortschritts.

Auch *Viana do Castelo* dokumentiert, wie die portugiesische Seele zwischen Tradition und Fortschritt hin und her gerissen ist: Hier findet im August eine der größten Wallfahrten Portugals statt. Zur *Nossa Senhora da Agonia* pilgert fast der ganze Minho, für die große Prozession legen die Frauen ihre reich geschmückten Trachten und den ererbten Goldschmuck an. So stolz wie auf die Wallfahrt ist man in Viana auf die Ende des vergangenen Jahrhunderts vom Ingenieurbüro Eiffel gebaute Stahlbrücke und das 1992 mit EG-Geldern fertiggestellte Betonmonster, über das jetzt der Lastwagenverkehr nach Spanien rollt. Ein umsichtiger Bürgermeister hat dem Ort den mittelalterlichen Stadtplatz mit Springbrunnen und Rathaus aus dem 15. Jahrhundert erhalten, vor allem die spanischen Kurzurlauber, die in Viana am Wochenende einfallen, müssen ihm ewig dafür dankbar sein. Weiter unten im Hafen dagegen vergam-

melt ein Großteil der einst stolzen portugiesischen Hochseefangflotte, weil die EG ihr keine Fangquoten im gemeinschaftlichen Nordatlantik zugeteilt hat.

Nördlich von Viana ist Schmugglerland. In *Lanhelas* etwa gibt es kaum eine Familie, die zumindest früher nicht im Schmugglergeschäft steckte. Senhor João erzählt im Dorfcafé: „Wenn heiße Ware ankam, sagten sie uns, heute nacht gibt es Arbeit. Dann haben wir Zigaretten am Strand umgeladen und nach Spanien gebracht. 5000 Escudos haben sie uns dafür gezahlt." Senhor João ist später als Gastarbeiter nach Frankreich gegangen, denn in Lanhelas gab es keine Arbeit. Als er zurückkam, war alles anders: „Heute wird Kokain geschmuggelt. Riesige Organisationen stecken hinter dem Rauschgiftgeschäft, damit will ich nichts zu tun haben. Aber Arbeit gibt es immer noch nicht." An der Mündungsbucht des Minho liegt *Caminha.* Der Ortskern der einstigen Festung stammt aus dem 15. Jahrhundert. Aber trotz der einst mächtigen Mauern war die Grenze zu Galizien schon immer durchlässig. „Wir haben mit den Soldaten von der *Guarda Fiscal,* der Zollpolizei, Räuber und Gendarm gespielt", erzählt mir ein Alter in einer Weinkneipe, „während des Bürgerkriegs haben wir Fleisch nach Spanien geschmuggelt, später Elektrogeräte nach Portugal. Die Zöllner haben uns alle gekannt, aber nie erwischt. Abends waren wir dann oft gemeinsam beim Wein."

„Man kann es euch wirklich nie recht machen", hielt mir mein Freund Zé Emilio in der Schweineküche entgegen, als ich erzählte, wie *Valença do Minho* direkt an der spanischen Grenze sich verändert hat. Mit EG-Millionen wurde eine Autobahnbrücke über den Minho errichtet. Die alte Festung aus dem 17. Jahrhundert läuft Gefahr, vom Touristen-(einkaufs)zentrum zur Arbeitslosenhochburg abzusinken, sollten demnächst die Urlauber auf der neuen Autobahn nur noch daran vorbeifahren. „Wenn wir die Städte modernisieren, beklagt ihr euch, wenn wir Autobahnen um sie herumbauen, paßt es euch auch nicht", donnerte Zé Emílio. Ich sollte doch die positiven

Seiten sehen: Valença bliebe in seiner ganzen Pracht erhalten, und wer wolle, könne dort immer noch hinfahren. Wenn später die Mehrheit der Touristen daran vorbeirase – um so besser! Man müsse eben auch die positiven Seiten sehen.

Eben die kann António Gonçalves do Carmo in *Vila do Conde* zur Zeit überhaupt nicht finden. Er besitzt die größte Holzschiffswerft Portugals und, wie er bitter bemerkt, demnächst wohl die letzte: „Vor wenigen Jahren konnten wir uns vor Aufträgen kaum retten, hatten wir immer zwei, drei Fischkutter in Bau. Dieses hier ist der letzte Auftrag, den wir haben." Jetzt zahlt die EG Zuschüsse, wenn die Fischer ihre Boote verschrotten. Daß die Schiffszimmerleute und Schmiede von Vila do Conde demnächst arbeitslos sein werden, stört die mit dem Abbau der portugiesischen Küstenfischereiflotte beschäftigten Bürokraten nicht. Auch um das Hinterland steht es schlecht. Im industriell hochgerüsteten Tal des Ave-Flusses reiht sich eine Textilfabrik an die andere. Die Abwässer der meisten Färbereien laufen noch immer ungeklärt in den Fluß, und auf der Granitbrücke von Santo Tirso kann man die jeweiligen Modefarben vorbeifließen sehen. „Viele Unternehmen müssen das Wasser sogar klären, bevor sie es benutzen", hat mir einmal ein Kommunalpolitiker erklärt, wie könne man da von ihnen verlangen, daß sie es sauber in den Ave zurückleiten? Zur Umweltverschmutzung kommt die Krise: Der Ferne Osten produziert billiger, die Arbeitslosigkeit wird immer größer, ein von der EG mitfinanziertes integriertes Entwicklungsprogramm will keine Früchte tragen.

Ich fahre weiter nach Norden in Portugals einzigen Nationalpark *Peneda-Gerês*. Vor allem bei jungen Leuten ist der Park ein beliebtes Ferienziel, im Sommer sind die Campingplätze und das kleine Kurbad *Caldas do Gerês* hoffnungslos überlaufen. Ruhiger und, was die Landschaft betrifft, wilder wird es an den beiden Zipfeln des Parks: um Castro Laboreiro, am Lindoso-Fluß im Peneda-Gebirge, oder jenseits des Cávado-Tals, wo die höchsten Bergzacken

des *Gerês*-Massivs in den Himmel ragen. Am nordöstlichsten Ende des Nationalparks beginnt bereits *Trás-os-Montes*, ein System von Stauseen, das hier angelegt wurde, garantiert einen wichtigen Teil der portugiesischen Stromversorgung.

Eine Hochebene schließt sich an: *Terras de Barroso*, eine Insel alten Portugals, das noch immer der Neuzeit trotzt. In bester portugiesischer Tradition hat sich hier alles vermischt: Die Römer lebten hier, vor ihnen schon andere Völker. Die ältesten archäologischen Funde, Felszeichnungen und Dolmen, sind rund 5000 Jahre alt. Die Völkerwanderung, von den Portugiesen treffender Invasion der Barbaren genannt, hat die Sueben und wohl kurzfristig auch die Vandalen hierher verschlagen.

Alle haben ihre Spuren hinterlassen in dieser rauhen Region, als verfallende Bauwerke und in den Sitten, die sich bis heute zäh erhalten haben: In Tourém gibt es heute noch den Gemeinschaftsbackofen. Die Frauen wechseln sich beim Brotbacken für alle Dorfbewohner ab. Die weiten Weiden im *Barroso* gehören noch allen und werden von der Dorfgemeinschaft verwaltet. Morgens werden die Schafe in den Dörfern zusammengetrieben und dem Schäfer anvertraut, der sie abends wieder zurückbringt. Ochsen ziehen die alten Karren. Sie sind der Stolz der Bauern im *Barroso*, einmal im Jahr kämpfen die stärksten Tiere aller Dörfer gegeneinander: Zwei Tonnen Fleisch belauern sich manchmal bis zu einer halben Stunde lang, rennen sich die Köpfe ein, bis der schwächere Ochse davontrottet.

Der Endkampf bei Montalegre ist ein Volksfest, das sich niemand entgehen läßt. Aus grauer Vorzeit stammen auch die Dorfräte, die noch in der ersten Hälfte dieses Jahrhunderts gewählt wurden. Im alten *Vilarinho das Furnas* hat sich angeblich das Amt des Bürgermeisters nie durchgesetzt. Der Glaube an die Demokratie ihrer Vorfahren hat die Einwohner ihre Heimat gekostet: Der Diktator Salazar wollte ein Exempel statuieren und habe alles daran gesetzt, daß der Ort im *Rabagão*-Stausee untergegangen sei, heißt es. Alle heilige Zeit jedoch kehrt Vilarinho das Furnas zurück. In besonders trockenen Jahren sinkt der Wasserspiegel so weit ab, daß der Ort wieder auftaucht. Ein Omen, sagen die Alten. Der Glaube an das Übernatürliche ist stark im Barroso, so stark, daß der Pfarrer von *Vilar de Perdizes* jedes Jahr einen ‚Kongreß der alternativen Medizin' organisiert, bei dem sich Wunderheiler, Seher und Medien treffen.

Alles hat eine Kehrseite: In *Pitões das Júnias*, einem anderen Bilderbuchdorf des Barroso, sind nur die Alten geblieben. Sie leben von Tierzucht und Landwirtschaft, die Söhne und Töchter haben im Ausland Arbeit gesucht. Fünf Kinder hat die 79jährige Dona Ana, vier leben in Frankreich, eines in Brasilien. „Ich war schon im Ausland, bin gereist", berichtet die Witwe stolz, als sie die Kühe zur jährlichen Impfung treibt; der Besuch des Tierarztes ist hier ein gesellschaftliches Ereignis. Es gibt keine Schule mehr im Dorf, keinen Arzt. Ob es ihr hier gefalle? „Wo soll ich denn hingehen, es ist ja alles so teuer. Hier bin ich zu Hause." Wenn sie stirbt, steht ein weiteres strohgedecktes Granithaus leer, stirbt wieder ein Stück des alten Portugals. „Gesundheit, Glück und Gottes Segen", wünscht sie mir, als ich etwas bedrückt Richtung modernes Portugal zurückfahre.

„Im Herbst müßt ihr in den Norden", hat Senhor Neves einmal in der Schweineküche gesagt, „dann ist es dort besonders schön." Zur Weinlese ins *Douro-Tal* und dann weiter ins unberührte Trás-os-Montes: *Vila Real, Mirandela,* die Heilbäder bei *Chaves, Bragança.* Das sei noch echtes Portugal, herzlich, schön und unverfälscht. Also habe ich mich Ende September auf den Weg gemacht. Nach dem obligatorischen Besuch einer Portweinkellerei (mit kostenloser Weinprobe, wie außen angekündigt) in *Vila Nova de Gaia* hatte ich das nötige Rüstzeug, ich wußte sogar, daß die Holzschiffe, die jetzt für Touristenfotos im Douro ankern, *barco rabelo* heißen und früher dazu dienten, den Wein von den Gütern im Norden heranzuschaffen. Mit einem Ausflugsdampfer fahre ich den Douro aufwärts. Durch riesige Schleusen geht es, die Portu-

giesen sind gerade dabei, einen jahrhundertealten Traum zu verwirklichen und den würdigen Strom bis zur spanischen Grenze schiffbar zu machen. Immer näher rücken die Bergterrassen an den Fluß heran, zwängen sein Bett in enge Kurven. Ich lasse an Bord die zweite Portweinprobe über mich ergehen.

Portwein – von ihm lebt die Region, der kleine Weinbauer ebenso wie die großen Güter, die inzwischen längst Multis wie *Seagram's* oder *Martini & Rossi* gehören. Ende des 17. Jahrhunderts hatte das Geschäft angefangen. England und Frankreich lagen sich wieder einmal in den Haaren, und das britische Königreich suchte Ersatz für die französischen Weine. *Lamego-Wein* hieß die Lösung, und sogar ein Vertrag, der von Methuen, wurde am 27. Dezember 1703 darüber geschlossen: Englischen Woll- und Tuchfabrikanten wurde zugestanden, ihre Waren steuerfrei in Portugal zu verkaufen, die Steuer auf portugiesischen Wein wurde dafür großzügig um ein Drittel gesenkt! Was lag da näher, als sich gleich das ganze Geschäft unter den Nagel zu reißen. Die ohnehin schon stark in Nordportugal vertretenen britischen Handelsleute übernahmen prompt den Export des Weines nach England, der dann als *Port* weltberühmt wurde.

Die erste Hälfte des 18. Jahrhunderts erlebte einen wahren Portweinboom, selbst Dorfpfarrer legten neben den Friedhöfen kleine Weinberge an. Es entstanden die ersten Quintas, Landgüter auf denen Wein angebaut wird, später die Solares, Herrschaftshäuser, die sich heute noch sehen lassen können. Und natürlich wird auch gepanscht; nicht nur die Preise purzeln bei ständig wachsendem Angebot, auch die Qualität läßt nach.

1754 boykottieren die englischen Exporteure die portugiesischen Produzenten und kaufen keinen Liter Wein. Daraufhin werden die Großgrundbesitzer nervös und überreden den Premierminister des Königs, den allmächtigen Marquês de Pombal, zu radikalen Maßnahmen. Am 10. September 1756 entsteht die allmächtige *Companhia*

Geral da Agricultura das Vinhas do Alto Douro, wird das erste gesetzlich geschützte Weinbaugebiet der Welt geschaffen. Die Weinbaugesellschaft unterteilt das *Douro*-Tal in verschiedene Qualitätsregionen, natürlich im Interesse der Großproduzenten, und reglementiert die Portweinproduktion vom Branntweinzusatz bis hin zum Weintransport (von den Gütern am oberen Flußlauf hinab nach *Vila Nova de Gaia,* der noch immer zwischen Dezember und Januar stattzufinden hat). Verschiedene Protestaktionen der Kleinwinzer wurden zum Teil blutig unterdrückt. Noch heute kontrolliert das *Instituto do Vinho do Porto,* ein staatliches Portweininstitut, die Produktion, noch heute liefern die Kleinproduzenten ihren Wein bei der zu Faschismuszeiten geschaffenen halbstaatlichen *Casa do Douro,* dem *Dourohaus,* ab, noch heute wird der Port in *Vila Nova de Gaia* verschnitten und gelagert. Portweinhauptkunden sind, was Qualitätsweine betrifft, noch immer die Engländer, 1991 kauften sie rund 72 000 Hektoliter. Den mit Abstand meisten Billigport tranken im gleichen Jahr die Franzosen, die 257 000 Hektoliter abnahmen.

Nach *Tawny, Ruby* und *White* legt das Schiff in Peso da Régua an. Alles, was ich über extrasüßen, süßen, halbsüßen, halbtrockenen, trockenen und extra-trockenen Portwein gelernt hatte, war inzwischen leider auch wieder vergessen. In Portweinproben untergegangen ist mein Wissen über Jahrgangsweine und Ports mit Altersangaben. Nur eins habe ich mir gemerkt: Der beste Port heißt *Vintage* und kommt nur alle Jubeljahre vor. Dann stellen sich Vertreter aller Kellereien mit recht lächerlichen mittelalterlichen Trachten um einen Tisch, trinken ein Gläschen und mischen in einem Fäßchen ihre zum Vintage erkorenen Proben, zuletzt geschehen mit dem 1992er. Eine Flasche *Vintage* kostet übrigens selten weniger als 25 Mark und muß binnen 24 Stunden geleert werden, also prost!

Peso da Régua bietet wenig Interessantes. Das Städtchen verdankt seine Existenz den englischen Portweineinkäufern, die sich dort vor 200 Jahren niedergelassen haben. Mit dem Zug fahre ich weiter nach *Pinhão,* dem eigentlichen Zentrum des Portweinanbaus. Überall wird gelesen, hängen Menschentrauben an den Schieferhängen, zwischen die der Douro sich sein Bett gefressen hat.

Auf der *Quinta da Boavista* treffe ich eine solche Erntekolonne. Gut 50 Personen arbeiten hier seit einer Woche, für rund 30 Mark am Tag und freie Kost und Unterkunft, wie Pedro mir erzählt. Er ist vielleicht 19 Jahre, doch schon unzählige Male dabei. „Erstens brauche ich das Geld, zweitens macht mir die Lese Spaß", gibt er zu. Gelegenheitsarbeiten verrichte er sonst, da sei das Traubenpflücken eine willkommene Abwechslung, auch wenn es nur zwei Wochen im Jahr dauert. Pedro hat sich in der Hierarchie nach oben gearbeitet: Er schneidet keine Trauben mehr ab, sondern trägt die vollen Körbe zum Lastwagen. Plastikkörbe übrigens, denn auch bei der Portweinlese wird knallhart kalkuliert. Plastik ist eben billiger und hält länger. Früher allerdings, noch vor zwei Jahren, sei es schöner gewesen, erinnert sich Pedro. Damals hätten mehr und jüngere Mädchen mitgemacht. Aber die trauten sich jetzt nicht mehr, die Schule zu schwänzen . . .

„Da siehst du, was ihr mit eurem europäischen Lebensstandard alles kaputtmacht", spaßte prompt Zé Emilio in der Schweineküche. „Mit dieser unsinnigen Schulpflicht zerstört ihr jahrhundertealte Traditionen in unserem Land. Und dann wundert ihr euch, daß niemand mehr mit fröhlichen Liedern auf den Lippen und geflochtenen Körben in die Weinberge zieht, ihr Europäer. In Vila Real wurde mit EG-Geldern eine Universität gebaut, jetzt gibt es dort sogar Arbeitsplätze und eine Schnellstraße. Dafür hat, klagst du, die Stadt ihren Charme verloren. Könntet ihr euch bitte einmal entscheiden, was ihr eigentlich wollt?" Die bittere Ironie war nicht zu überhören. Immer mehr Portugiesen fürchten, ihr Land verliere seine Identität in der Europäischen Gemeinschaft. Wer zahlt, wolle auch anschaffen, heißt es, und was wichtig und richtig für das Land sei, werde immer öfter in Brüssel entschieden.

Zurück ins unberührte *Trás-os-Montes,* das Land hinter den Bergen. Von Tua, einem verschlafenen Nest noch hinter Pinhão, bin ich vor drei Jahren mit der Eisenbahn durchs Dourogebirge nach Mirandela gefahren. Die alte Linie kämpft sich am Tua-Fluß entlang durchs Gebirge. Irgendwie bin ich zwischen zwei Tunnels mit einem alten Eisenbahner ins Gespräch gekommen. Mit portugiesischer Herzlichkeit hat er mich auf eine Reise in die Vergangenheit mitgenommen: 1887 sei die Strecke bis Mirandela eröffnet worden. Schmalspur; Gleise, Lokomotiven und Waggons seien aus Deutschland gekommen. 31 Jahre später habe man die Linie dann bis Bragança weitergebaut, verglichen mit dem ersten Stück durchs Gebirge sei die Trasse im Hochland jedoch ein Kinderspiel gewesen.

Ob ich die *Linha do Sabor* gekannt hätte, die einst von Pocinho am Douro durch das tiefste Trás-os-Montes nach Miranda do Douro an der spanischen Grenze geführt hätte? Nein? Gut, die sei ja auch längst stillgelegt. Oder die *Linha do Corgo* von Peso da Régua nach Chaves? Spurbreite ebenfalls nur ein Meter, englisches Material. In Pedras Salgadas habe sie gehalten und in Hidago, den beiden bekanntesten Heilbädern Nordportugals. Noch vor wenigen Jahren sei all das auf Flaschen gezogene Mineralwasser von dort per Bahn nach Porto gebracht worden, erzählt er mit leuchtenden Augen, kein Zug sei leer gefahren. Dann kamen die Lastwagen und die Touristenbusse.

Heute stehen die Bahnhöfe aus dem ersten Viertel dieses Jahrhunderts leer, Bäume wachsen zwischen den Schienen. In Vidago verrosten alte Postwaggons auf einem Abstellgleis, keine Kurgäste überqueren mehr den Bahnübergang und laufen die Allee zum 1910 gebauten Palace-Hotel mitten im Kurpark hinab. „Die Eisenbahnen sollten sie wieder eröffnen, nicht nur Straßen bauen", klagt mein alter Freund, und ich gebe ihm recht, als wir uns in Mirandela verabschieden. Hier ist inzwischen Endstation für den klapprigen Triebwagen. Nach Bragança kommt man nur noch per Bus, die Strecke ist stillgelegt. „Die Zukunft der Eisenbahn in Portugal sind die suburbanen Strecken von Lissabon und Porto sowie die Hauptachse Nord-Süd in Küstennähe, also die Verbindung Lissabon-Porto. Dazu kommen noch die primäre Anbindung nach Spanien in der Landesmitte und die sekundäre im Norden, so steht es auch in unserem Landesentwicklungsplan", hat mir einmal ein Chefplaner der portugiesischen Eisenbahn im schönsten Bürokratenportugiesisch erklärt. „Der Restverkehr im bevölkerungsarmen Hinterland wird von der Schiene auf die Straße verlagert." Mit Schaudern denke ich an seine Worte, auch zwischen Tua und Mirandela fahren bald nur noch Busse.

Meine Reise nach Mirandela war eine der wenigen, die in der Schweineküche von

Senhor Neves ausschließlich Freude verbreitet hat. Dafür bin ich jedoch wie ein Packesel angekommen: Aus Mirandela brachte ich *enchidos* mit, eine Art geräucherte Würste, die im ganzen Land berühmt sind. Und natürlich *alheiras*, das ursprünglich jüdische Gegenstück dazu. Während der Inquisition sind die *Marranen* in das unwegsame Trásos-Montes geflohen. Um nicht aufzufallen, haben sie sich getarnt, sind jeden Sonntag in die Kirche gegangen. Sogar Würste haben sie gegessen, nur mit Schweinefleisch haben sie sie nicht gefüllt, sondern mit Brot, Kartoffelmehl und Hühnerfleisch.

Irgendwie sind auch die katholischen *Trasmontanos* auf den Geschmack gekommen, sonst gäbe es heute keine *alheiras*. Der Umweg nach Chaves, den ich wegen eines luftgeräucherten Schinkens per Bus gemacht habe, hat mich zwar fast einen ganzen Tag gekostet, wurde aber in der Schweineküche mit Beifall quittiert. Ich wäre ja schon fast ein Portugiese, hat Senhor Neves mir bei einem Glas Douro-Rotwein aus Alijó damals sogar bestätigt, sein eigener Wein sei jedoch viel besser.

„Für Porto wirst du ja wohl auch die gebührenden Worte finden", hat Karl-Heinz Raach bei einem unserer Treffen gesagt und mir vorgeschwärmt: vom prächtigen Börsenpalast, der winkeligen Ribeira, Portos altem Viertel unten am Douro-Fluß, und auch vom *Café Piolho*, das eigentlich *Âncora* heißt und so eine Art Studententreff ist. Von den schönen Kacheln an der Kirche gegenüber, vom *Torre dos Clérigos*, dem gotischen Turm-Wahrzeichen etwas weiter stadteinwärts, dem Hotel *Infante de Sagres* („Eines der schönsten, die ich kenne, meinst du nicht auch?") und natürlich dem *Café Majestic* mit seinen erblindeten Spiegeln, dem Jugendstil, dem üppigen Stuck an der nikotinbraunen Decke. Ich dagegen finde Porto grau: angefangen vom Rathaus am oberen Ende der Avenida dos Aliados über die Kathedrale aus dem 12. Jahrhundert bis hin zur neuen, 1992 fertiggestellten Eisenbahnbrücke über den Douro.

Von den Menschen ganz zu schweigen: Grau und geschäftig laufen sie durch die Straßen, wegen des Wetters meist mit einem Regenschirm bewaffnet. Hektisch sind die Portuenser, immer irgendeinem Geschäft hinterher. „Ohne uns wäre das Land wirtschaftlich überhaupt nichts", hat mir einmal einer der zahlreichen Wirtschaftskapitäne aus der ‚Hauptstadt des Nordens' stolz erzählt. Hier werde produziert, hier werde exportiert, hier schaffe man den Wohlstand Portugals. Es stimmt wohl auch: Vom Korkkonzern bis zum Vertriebs-Agglomerat haben viele der portugiesischen Großunternehmen ihren Sitz in Porto. Verächtlich blicken die Portuenser auf die Bewohner der Hauptstadt Lissabon, die doch nur faulenzten. *Viva o Porto,* ist ein Kampfschrei, der nicht nur bei den Spielen des FC Porto ertönt, doch unter den Stolz auf ihre Stadt mischt sich unverkennbar auch der Neid auf die Kapitale Lissabon und die gekränkte Eitelkeit derer, die sich zum ewigen Zweiten abgestempelt fühlen. *Tripeiros,* Kuttelnmampfer, nennen die Lissabonner die Portuenser, in Porto macht man sich über die *alfacinhas,* die Lissabonner Salatköpfe, lustig.

Doch Porto hat auch seine schönen Seiten. Um die baumbestandene *Praça da República* fügen sich Neubauten so harmonisch wie eben möglich zwischen die jahrhundertealten Häuser, und dieses Stilgemisch macht Portos eigenen Reiz aus. „Wir hatten hier halt nie ein Erdbeben wie in Lissabon", versuchte einmal ein Freund dieses Durcheinander zu entschuldigen. Meine Antwort „Gott sei dank" hat ihn fast aus der Fassung gebracht. Aber so ist Porto eben die Ribeira erhalten geblieben, vor kurzer Zeit noch ein verfallenes Huren-, Hafenarbeiter-, Fischer- und dunkles Verbrecherviertel direkt am Fluß, das liebevoll restauriert wird. Die Stadt hat viele der alten Häuschen aufgekauft, modernisiert sie und vermietet sie zum Sozialtarif an ihre früheren Bewohner. In den noch immer finsteren Arkaden haben Restaurants und Bars aufgemacht, ein nicht zu verachtender Teil des Portuenser Nachlebens findet jetzt dort statt. Gleich nebenan gibt es noch die alten *casas de pasto,* Billigstrestaurants, in denen man ganz ausgezeichnet essen kann.

Foz ist ein anderer Farbtupfer in der grauen Hafenstadt ohne Hafen: Die Straßenbahn fährt von der Ribeira dort hinaus, zuerst immer am Douro entlang, dann zwischen schmucken Häuschen hindurch. Foz do Douro ist die Reiche-Leute-Gegend

Portos. Dort wohnt, wer etwas auf sich hält und es sich leisten kann. Auf der leicht klassizistischen Strandpromenade tummelt sich jedoch einkommensunabhängig ganz Porto. Da flanieren am Sonntag die Familien, knattern auspufflose Mopeds, werden schwere Maschinen und teure Cabriolets spazierengefahren, daß es eine Freude ist.

Für die Hafenstadt Aveiro weiter südlich haben sich die Planer des modernen Portugals etwas ganz Besonderes ausgedacht: Es soll Ostspanien mit Gütern versorgen, eine Schnellstraße verbindet es bereits mit dem rund 300 km entfernten Salamanca. Während der Güterverkehr des grenzenlosen Europas langsam anrollt, wird in Aveiro in erster Linie noch portugiesische Zellulose verschifft. Nebenan vergammeln alte Hochseefangschiffe, und in dem Dorf *Gafanha da Nazaré* steigt die Arbeitslosigkeit, da die kleinen Ausbesserungswerften kaum mehr Aufträge haben. Der Stockfisch, der hier früher auf zwischen Gerüsten aufgespannten Leinen getrocknet wurde, kommt jetzt fix und fertig aus Norwegen, auch die Fischerfrauen finden keine Jobs mehr. Noch fahren einige *Moliceiros,* die langen Ruderboote mit dem bunt bemalten Bug, auf dem Haff. Doch sie werden immer weniger – industrielle Futtermittel haben den Tang und die Algen, die sie sammelten, als Tierfutter ersetzt. Und auch das Meersalz, das sie oft transportierten wird immer weniger. Die alten Lagerhäuser an einem der Kanäle von Aveiro verfallen. „Früher gab es hier überall Salzhändler", erzählt mir eine Frau, „heute sind wir noch vier, und es kommen immer weniger Kunden. Bald gibt es uns nicht mehr." Aveiro verändert sich, wird europäischer. Die Wochenendvillen am Strand von Barra werden immer mehr, die Holzhäuschen in Costa Nova sind wieder schmuck herausgeputzt. In Vagueira wachsen häßliche Apartmentblocks für die weniger Begüterten. Den Fischern ist das egal. Sie fahren noch immer im Sommer mit ihrem kleinen Boot aufs Meer und werfen das Netz aus. Fortschritt auch hier: Ein Traktor hat die Ochsen, die früher das Netz an Land zogen, ersetzt.

Strand fischer bei Torreira

die kleinen Fischerboote sind der EG-Konkurrenz nicht gewachsen

die Ochsen als Zugtiere sind heute Traktoren gewichen

Flußfischer am Rio Lima warten auf Kundschaft

Gekocht im eigenen Blut: Neunaugen

unsichere Zukunft: der Holzschiffswerft von Vila de Conde fehlen die Aufträge

die letzten Meersalzsalinen Aveiros schließen bald

"hinter den Bergen" ist die Zeit stehengeblieben

Bauernfamilie in Pitões das Junias

nur die Alten bleiben bei den Herden

die Jugend von Monsanto hat das Dorf verlassen

"und vergib uns unsere Schuld" – Karfreitagsprozession in Braga

Österliches Hochamt in Viano do Castelo

Männer lesen Zeitung!

... und wer kocht das Essen?

nach dem Sieg 1383: 'Santa Maria da Vitoriá' in Batalha

von dem Gold der Kolonien gebaut:
Wallfahrts-Kirche 'Bom Jesus' bei Braga

"Von dannen Er kommen wird ..

…zu richten über die Lebenden und Toten." Friedhof bei Meca

'Wein trinken heißt, einer Million Portugiesen ihr täglich Brot geben.'

Zitat Diktator Salazar

Spät am Abend in der 'Schweineküche'

am frühen Nachmittag in der "Casa das Ratas"

Ausschank in der Tasca in Olhão

Rathaus in Lousã

Botschafter a.D., Graf António Pinto de Mesquita, hat seinen Pferdestall zur Gästebar umgebaut

die Rabelo-Boote in Porto sind nur noch Werbekulisse

mindestens 5 Jahre lagert der Portwein im Holzfaß

geschäftiges Porto – auch im Regen

viel Arbeit für Altstadtsanierer: Ribeira-Viertel, Porto

Treff der reichen Händler: Treppenaufgang ...

... und Lesesaal im Commercial Ateneum

Badestrand und Appartementblocks, Apulia

Kinderspielplatz vor Zellulosefabrik, Leirosa

nach der Examensfeier:
Jurastudenten in Coimbra

versteckter Aufgang
zur Universität

moderne Zeiten: Hochhäuser belagern die Burg von Leira

Wasserpumpe in Castello Mendo

'Herr Wirt, noch ein Tinto!' – Fischer in Nazaré

alte Freunde in der Tasca von Cortes

Fatima: Kerzenprozession in der Nacht zum 13. Mai

... und Opferkerzen hinter der Marienkapelle

Barfuß und auf Knien...

. erbitten die Wallfahrer Trost und Beistand

Religion und Kommerz: vom Gekreuzigten ...

… bis zum Schutzengel ist in Fatima alles zu kaufen

Frühjahrsruhe
in Obidos
bevor im Sommer…

...Touristenmassen das Bilderbuchstädtchen überrennen

Überwucherte, verwunschene Gärten von Sintra

Paläste und Villen im Wald von Sintra

Alverca im 'Industriegürtel' um Lissabon

Betonfabrik im Paradies der Arbeiterklasse

Denkmal der Entdeckungen, Turm von Belém, Lissabon

Amoreiras-Einkaufszentrum und Águas-Livres-Wasserleitung

Berufsverkehr auf der 'a ponte', der 3 km langen Tejo-Brücke

Abendstimmung am Tejo-Kai

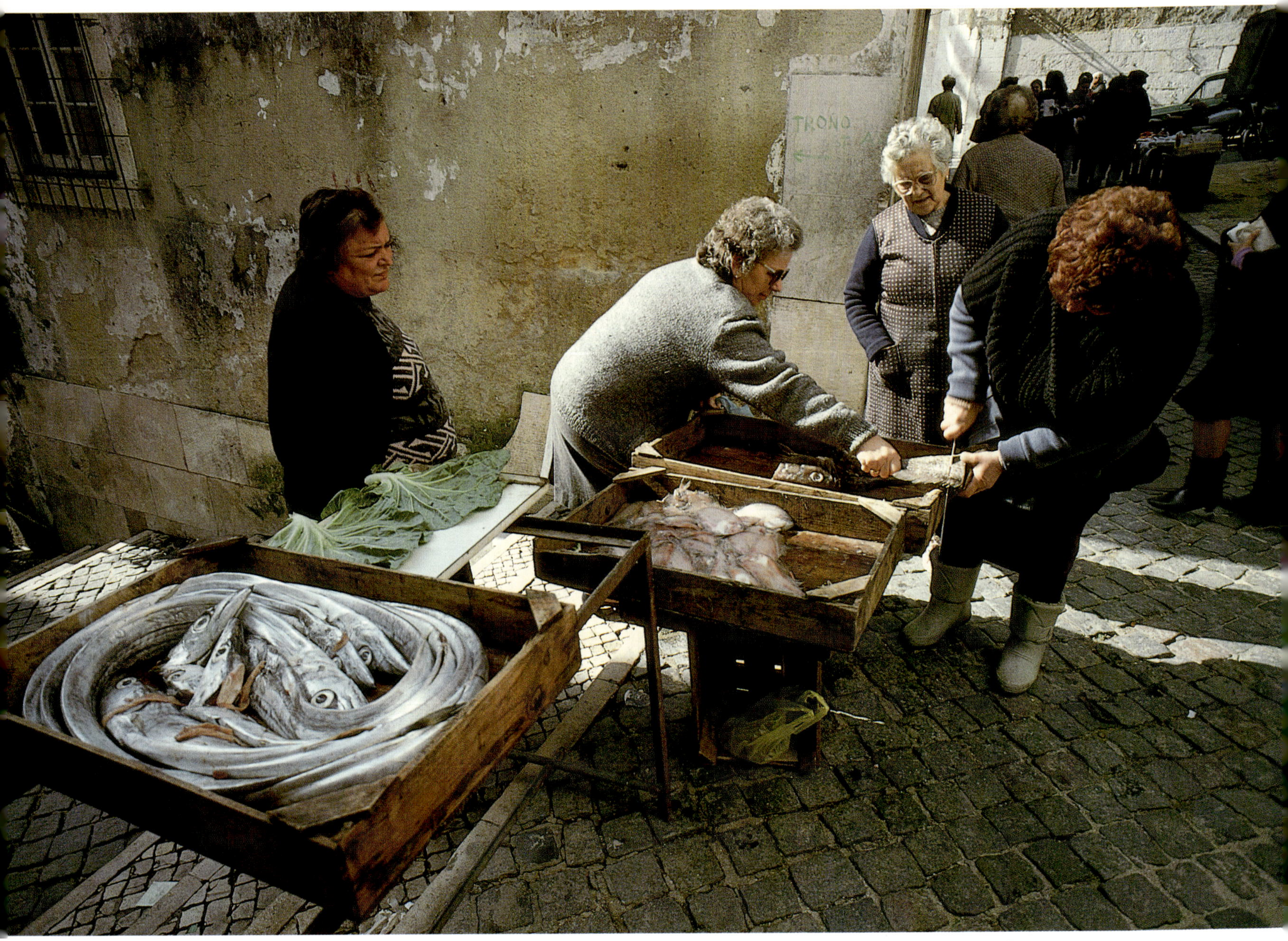

Platz ist in den engsten Gassen: Fischverkäuferinnen ...

... und Straßenbahn in der Alfama

nächtliche Gassen in der Alfama

Fado ohne Touristenschminke im Bairro Alto

die Alfama wartet auf EG-Sanierungsgelder

Coimbra ist besonders, sagte Américo zu mir. Wir saßen im *Cáfe Tropical* an der *Praça da República,* und Américo hatte schon einige Bierchen getrunken. Américo war lange in Frankreich, hat dort bei einem portugiesischen Gastarbeitersender ein bißchen Journalismus gemacht. Vorher hat er in Coimbra studiert. Jetzt wieder: „Jura", sagt er und verschweigt das Semester. Er wohnt in einer *República,* einem von Studenten selbstverwalteten Haus. „Früher war alles viel schöner", erzählt er mir. Da hätten die Studenten noch an andere Sachen gedacht als an das nächste Examen. Da sei noch gefeiert worden in Coimbra, so wie er das gestern getan hat. Gegen sechs sei er heimgekommen, und dann kein Wasser, weil im Haus die Kanalisation repariert werden müsse! Nein, die Prozession der *Raínha Santa* schaue er sich nicht an. Die habe er schon zu oft gesehen, auch wenn sie nur alle zwei Jahre stattfindet. „Geh mal du", sagt er, „wir treffen uns später schon wieder."

Also kämpfe ich mich allein durch die Menschenmassen zum *Convento Santa Clara-a-Nova,* dem Kloster, in dem die heilige Königin Isabel, zu deutsch Elisabeth, beerdigt ist. Coimbra liebt sie noch heute, die großzügige Spanierin und Frau des wohl etwas geizigen Königs Dinis. Gut und mildtätig war sie, einen beachtlichen Teil ihres Privatvermögens hat sie sehr zum Ärger des Gemahls unter den Armen verteilt. Bei einer ihrer Schenkungsaktionen soll ihr der König über den Weg gelaufen sein. Als Isabel da ihren Mantel sicherheitshalber zuschlug, fragte ihr Gemahl, was sie denn verberge. „Das sind nur Rosen, mein Herr", antwortete sie und als der mißtrauische Dinis nachsah, geschah das Wunder: Der Mantel war voller Rosen.

„Die *Engel* nach vorn, die *Jungfrauen* danach und vor der Fahne die *heiligen Königinnen*", organisiert ein Priester mit Megafon den Abmarsch der Prozession. Sie führt vom anderen Ufer des *Mondego*-Flusses durch die Unterstadt *Baixa* bis zur *Graça*-Kirche; bestimmt zwei Kilometer, die die Fanatischsten zum Teil auf den Knien

zurücklegen. In der Kirche von Santa Cruz treffe ich dann nach dem Abebben der religiösen Feierlichkeiten einen alten Bekannten: Dom Afonso Henriques ist hier begraben, erster König Portugals, mein Freund aus *Guimarães.* Er liegt zu Recht hier, hat lang genug in dieser Stadt gelebt, die so etwas wie die heimliche Kapitale der 1. Dynastie war.

Eines der größten königlichen Liebesdramen hat sich hier ereignet: Nach dem Tod der ersten Frau des Thronfolgers Pedro wollte der die spanische Hofdame Inês de Castro heiraten. Da die Adeligen und der König Afonso IV die Unabhängigkeit des Reiches in Gefahr sahen, wurde Inês ermordet. Nach dem Tod des Vaters nahm König Pedro fürchterliche Rache: Er ließ die Geliebte exhumieren und krönen. Die beiden Mörder mußten, bevor Pedro sie eigenhändig ins Jenseits beförderte, ihre Hand küssen.

Bestattet ist das unglückliche Liebespaar im Zisterzienserkloster von *Alcobaça,* die reich verzierten gotischen Kalksteinsarkopharge sind Meisterwerke der portugiesischen Bildhauerkunst. Ansonsten muß Pedro ein recht unangenehmer Zeitgenosse gewesen sein: In Coimbras Unterstadtkneipen hat er mit Dieben und Huren gesoffen, sein Jähzorn war berüchtigt. Offiziell anerkannte Kinder hat er vier gezeugt: Seinen Nachfolger Fernando I mit der Königin Constança, zwei mit Inês de Castro und das vierte mit einer gewissen Teresa Lourenço. Dieses, Dom João, wurde Großmeister des Ordens von Aviz und später Gründer der 2. Königsdynastie.

In der zum Café umfunktionierten früheren Sakristei von Santa Cruz treffe ich Américo wieder. „Heute gehen wir zum Essen zu *Rosa Luxemburg*", erzählt er mir. *Rosa Luxemburg* ist eine andere *República,* eine, in der nur Mädchen leben. „Und die haben eine Köchin und uns eingeladen", freut er sich. Da es aber noch viel zu früh ist, drehen wir eine Runde durch die Stadt. *Sé Velha,* die romanische Kathedrale in der Oberstadt *Alta,* ist noch ganz die alte, und auch die Universität steht nach wie vor arrogant auf dem höchsten der Hügel, auf die

Coimbra gebaut ist. Auch am *Penedo da Saudade*, einem kleinen Garten, der früher obligatorisches Pilgerziel aller unglücklich verliebten Studenten und zahlloser Dichter war, grünt noch alles. Der Blick allerdings hat sich verändert: Man sieht nicht mehr auf das unberührte und wildromantische Mondegotal, sondern auf neu gebaute Wohnhochhäuser.

Was denn also an Coimbra noch so besonders sei, daß Tausende von Studenten und sogar normale Menschen so davon schwärmten, frage ich Américo und die Mädchen aus der *República Rosa Luxemburg* beim Abendessen. Hätte ich es doch nicht getan! Die Diskussion, die zum Teil Vorlesungscharakter hatte, dauerte stundenlang. Coimbras vielbesungener Charme sei heute nur noch ein Mythos, hieß es. Die Studententraditionen lebten auch 1993 noch, Leute aus ganz Portugal könne man in Coimbra treffen, die Universität sei die beste des Landes oder vielleicht auch nicht und nur in ihrem alten Glanz und den bunten Doktorhüten erstarrt. Irgendwie muß ich dann verpaßt haben, auf was man sich geeinigt hat, vielleicht war es aber auch gar nicht so wichtig. Auf alle Fälle sangen die Mädchen der *Rosa Luxemburg* bis spät in die Nacht, unter anderem auch die Hymne ihrer República. Als am nächsten Vormittag der Wirt einer der zahllosen alten Weintabernen mich respektvoll mit *Senhor Doutor*, Herr Doktor, ansprach, war ich sicher, daß Coimbra noch immer besonders war.

Als ich mich später von Américo verabschieden wollte, überredete er mich, mit ihm nach *Lousã* zu fahren – er müsse raus aus dieser fürchterlichen Stadt, aufs Land, in die frische Luft. Was soll's, die Straße nach Lousã ist eine der schönsten, die ich in Portugal kenne: Hinter Coimbra führt sie durch endlose Wälder und Dörfer, in denen die Zeit stehengeblieben sein muß. Bauernhäuser wechseln sich ab mit alten Gutshöfen und Palästen, und auch das Städtchen Lousã mit seiner Märchenburg ist den Abstecher wert. Nur Américos Bedürfnis nach frischer Luft ist bei dem halbstündigen, zum Teil recht steilen Aufstieg in das Gebirgsdörf-

chen *Talesnal* schnell verflogen. Keuchend nannte er mich einen verrückten Deutschen, der Postkartenausblick sowie die alten Schieferhäuser des Ortes tröstete ihn nicht über den bevorstehenden Rückweg hinweg. Nicht einmal, wie Talesnal sich von einem Geisterdorf in eine schmucke Wochenendsiedlung verwandelt hat, interessierte ihn. Nachdem die alten Bewohner als Gastarbeiter ins Ausland gegangen waren, haben vor allem Universitätsdozenten aus Coimbra die verlassenen Häuser gekauft und restauriert – zum Teil für 500 Mark und weniger. Talesnal, jetzt wieder voller blühender Blumen und Sträucher, macht einen entschieden weniger trostlosen Eindruck als früher. Das Leben ist in das Schiefergebirge von Lousã zurückgekehrt, wenn auch nur am Wochenende. Portugal verändert sich!

„Siehst du, jetzt fängst du an zu lernen", sagte Zé Emílio zu mir, den ich in der Schweineküche traf. Ich habe ihm von meiner Erfahrung in Talesnal erzählt und wurde zwischen Weinflaschen über die portugiesische Volksseele aufgeklärt: Die Gastarbeiter gingen eben aus den Dörfern ins Ausland und kauften sich dann ein Apartment in der Stadt. Dafür zögen die Städter aufs Land, so richte sich alles zum besten.

Senhor Neves hatte zur Weinprobe geladen, sogar Etiketten drucken lassen, und ich wußte, daß ich sie ebenso zu loben hatte wie den Wein. Auf dem Feuer im offenen Kamin brutzelten Schweinelendchen, und der riesige Topf Bohnensuppe, *sopa de feijão*, die Spezialität von Dona Celeste, Senhor Neves' Frau, war bereits halb leer. Bis weit nach Mitternacht herrschte in der Schweineküche ein ständiges Kommen und Gehen von Freunden und Bekannten. Natürlich wird auch gesungen, und gegen zwei Uhr habe ich Senhor Neves und den anderen Männern, die noch da waren, beim Abspülen geholfen. Die Frauen waren längst verschwunden, und den *Compadre Polícia*, den 90jährigen pensionierten Polizisten, hatte Senhor Neves etwas besorgt auf seinem Moped nach Hause geschickt. Zé Emílio, der beim Aufräumen hilfreich zugesehen hat, hielt mir anschließend noch einen kleinen Vortrag über die guten, alten Sitten und Einrichtungen, die sich in Portugal – Gott sei dank – nicht änderten.

Zumindest in der noch weitgehend unverfälschten Region um *Leiria.* Stolz beherrscht die Burg das Umland der Distrikthauptstadt, in der häßliche Wohnhochhäuser wie Pilze nach dem Regen aus dem Boden schießen. Aber an der Altstadt hat noch niemand zu rühren gewagt: verwinkelte Gäßchen, alte, oft schiefe Häuser, manche bogenförmig über die engen Straßen gebaut. Irgenwo hier wurde 1481 das erste Buch in Portugal gedruckt, sogar eine Papierfabrik gab es. Am *Terreiro,* dem großen Platz in der Altstadt, wohnen noch immer die Nachfahren des Barão de Salgueiro im fürstlichen Herrenhaus. Die Zeiten allerdings haben sich geändert – jetzt ist der Terreiro berühmt für sein Nachtleben. Die Bars, Tür an Tür in den alten Pferdeställen eingerichtet, ziehen mit ihrer Live-Musik Jugendliche aus der gesamten Region an.

In die Vergangenheit zurückversetzt fühlt man sich in dem Dörfchen *Cortes* westlich von *Leiria.* Ungeachtet vieler Gastarbeiterneubauten ist dort dennoch die Zeit stehengeblieben. Sei es eine umsichtige Gemeindeverwaltung oder seien es vernünftige Bauherren gewesen – in Cortes stört kein häßlicher Betonklotz das Dorfbild, abgesehen von dem der Landwirtschaftsgenossenschaft am Liz-Fluß. Der kann ich ihren Baufrevel jedoch verzeihen, vor allem, wenn ich in der Tasca von Senhor Maneta am Rand der Hauptstraße bereits einige Gläschen seines guten Rotweins getrunken habe.

Viele der Kleinbauern aus der Gegend kehren bei dem inzwischen 83jährigen ein – sie sagen, die Genossenschaft sei wichtig für sie. Und man kann ja wegschauen. In die Gegenrichtung zum Beispiel, zum alten Wasserrad, das sich in Cortes noch immer dreht und bei dem die Frauen noch immer die Wäsche waschen. Zu dem alten Haus mit dem manuelinischen Fenster, das rechts der Brücke noch immer zum Verkauf steht. Weiter oben, bei der Kirche das ländliche Gegenstück zum städtischen Einkaufszentrum: *O Carvalho* ist Kolonialwarenladen,

Restaurant, Café – alles in einem Haus und unten drunter – Eingang durch das Stalltor – eine Tasca. Samstag und Sonntag kommen die Stammkunden, natürlich alles Männer, bis aus Leiria. Die Brotzeit, geräucherten Schinken, Käse, *chouriço,* scharfe Dauerwürste oder *morcela* genannte Blutwürste, bringen sie selbst mit und teilen brüderlich.

Bis fast nach *Fátima* erstreckt sich um Leiria die größte Weinbauregion Portugals. Überall wachsen an den Hängen Reben, die meisten Winzer liefern die Trauben bei der Genossenschaft ab, viele machen noch selbst Wein und verkaufen ihn dann zu Billigstpreisen an die großen Weinproduzenten. Die bringen ihn dann elegant etikettiert und teuer an den Konsumenten. Fährt man auf den kurvenreichen Straßen aus dem Hinterland in Richtung Nationalstraße 1, taucht *Batalha* mit seinem Kloster Santa Maria da Vitória zwischen den Weinbergen auf. König João hat 1388 mit dem Bau begonnen. Am 14. August 1385 hatte sein Heer mit englischer Bogenschützenhilfe dort eine spanische Invasionsarmee entscheidend geschlagen, und wie es damals üblich war, hatte der glückliche Feldherr die Stiftung des Klosters für den Siegesfall gelobt. Mehr als 250 Jahre wurde an dem Monument, beherrscht vom englischen Perpendikularstil, gebaut, fertig wurde es trotzdem nie. Die Wände und Säulen der *Capelas Imperfeitas,* der unvollendeten Kapellen, ragen noch heute ohne Decke in den blauen Himmel; teils, weil es kein Baumeister schaffte, die Gesetze der Statik zu überlisten, teils, weil König Manuel es vorzog, Gold für das Hieronimuskloster in Lissabon auszugeben.

Fertiggebaut dagegen wurde im wahrsten Sinne des Wortes Fátima. Von der kargen und wilden Gebirgslandschaft, in der 1917 die Gottesmutter drei Hirtenkindern erschienen sein soll, ist nichts übriggeblieben. Eine riesige Basilika beherrscht den Platz, auf dem sich jedes Jahr am 13. Mai Zehntausende von Menschen drängen. Von dem Olivenbäumchen, dem angeblichen Erscheinungort, ist kein Ast stehengeblieben. An seiner Stelle wurde eine Kapelle errichtet, in der auch die Marienstatue steht, die nach den Angaben der Hirtenkinder angefertig wurde. Zu ihr hin und um sie herum führen glatte Marmorplatten auf dem ansonsten geteerten Platz. Eine kleine Aufmerksamkeit der katholischen Kirche für besonders fanatische Marienhuldiger, die auf Knien ihre Runden ums Heiligtum drehen, neuerdings mit ausleihbaren ledernen Knieschützern.

Was vor 50 Jahren noch nicht einmal ein Dorf war, hat sich inzwischen dank Mariens Wirken in eine Kleinstadt verwandelt. Hotels und Pensionen beherrschen den Ort, der problemlos über die Autobahn erreichbar ist. Keine hundert Meter neben der Kapelle bieten Kioske Rosenkränze, Heiligenbilder und Marienstatuen in allen Größen feil. Auch Wasser aus Fátima wird gehandelt, obwohl beim Sonnenwunder 1917 von diesem Naß keine Rede war. Abgesehen vom Umsatz und der gottesmütterlichen Prophezeiung, daß „Rußland sich bekehren wird", hat Fátima eine eher bescheidene Trefferquote vorzuweisen.

Als vor vier Jahren der Seligsprechungsprozeß der Hirtenkinder vor seinem Abschluß stand, zogen die verantwortlichen Kirchenstellen eine klare Bilanz: bis dato keine Wunderheilung, seit dem 13. Oktober fand in Fátima nichts Unerklärliches statt.

Warum der Templerorden, der sich später *Ordem de Cristo* nannte, ausgerechnet *Tomar* als seinen Sitz in Portugal gewählt hat, wird einem eigentlich schon bei der Ankunft klar: Die Stadt liegt im fruchtbaren Tal des *Nabão*-Flusses, umgeben von guten Böden und einer reizvollen Landschaft. Schon im Mittelalter war leicht in die damaligen Machtzentren zu kommen. Einerseits nach Coimbra, andererseits über die benachbarte Tejo-Senke nach Lissabon. Trotzdem waren die streitbaren Herren, die natürlich auch maßgeblich bei der *Reconquista* und den portugiesischen Entdeckungen mitgemischt haben, weit genug von der Staatsgewalt entfernt. Sie konnten ungestört ihrem mystischen Gedankengut nachgehen und sich gleichzeitig zu einem äußerst reichen Staat im Staate entwickeln.

Die Christusritterburg von Tomar zeugt mit ihrem Prunk noch heute davon. Das

reich verzierte Fenster des Kapitelsaals wird zu den Glanzstücken der Manuelinik gezählt, Touristen stehen mit ihren Fotoapparaten Schlange davor. Zu Stein gewordene Schiffstaue ranken sich da um mastenähnliche Säulen, Ketten halten sie zusammen. Exotisches Laubwerk wuchert, so wie die Entdecker es in fernen Welten gesehen haben wollen, und nie gesehene Ungeheuer könnten jeden Augenblick hervorspringen. Beherrscht wird alles vom portugiesischen Wappen und natürlich dem Christuskreuz des Ritterordens, zu dessen Großmeistern und Schatzverwaltern auch Heinrich der Seefahrer gehört hat.

So viel Erhabenes macht hungrig, und in der *Rua Direita* in der Altstadt liegt eine der schönsten *Tascas* Portugals: „Hier in der *Casa das Ratas* sind sogar die Spinnweben historisch. Diese hier hängt da seit mehr als hundert Jahren. Seit ich der Wirt bin, wurde hier noch nicht abgestaubt", erklärt mir stolz der Besitzer. Streitlust blitzt in seinen Augen auf, als ich ihn frage, ob er denn keine Probleme mit Hygienevorschriften habe: „Die Stadtverwaltung hat die Tasca schon einmal zugesperrt, aber ich ändere hier nichts", lautet die trotzige Antwort.

José dos Santos Matreno Júnior hat die Bevölkerung auf seiner Seite: Kaum hatten die Gesundheitsbehörden die Casa das Ratas geschlossen, standen schon die aufgebrachten Bürger vor dem Tor. Soll doch lieber fortbleiben, wem es so nicht gefällt, wem Schweinseuter, gegrillter Bauch und gebratene Schweinsohren nicht schmecken und wen die Pin-up-girls an der Wand aus der Fassung bringen! Am anderen Ende der engen Gasse versteckt sich übrigens in einem Wohnhaus die älteste Synagoge Portugals, die zu einem Museum geworden ist.

Durch das Hinterland fahre ich Richtung Norden nach *Covilhã*, der alten Textilstadt am Fuß des *Estrela*-Gebirges. In endlosen Kurven windet sich die Straße zum *Torre* hinauf, dem mit 1991 Metern höchsten Berg des portugiesischen Festlandes. Die Ruinen einer alten Radarstation verfallen vor sich hin, der Lift etwas weiter unten wirkt im Sommer eher lächerlich. Dafür

Kerzenopfer zu Ehren der Gottesmutter, Fatima

tummeln sich im Winter hier Hunderte, das *Sternengebirge* ist der einzige Ort, wo man in Portugal Ski fahren kann; für weniger Anspruchsvolle tut's eine Plastiktüte unter dem Popo auch.

Auf der Suche nach dem berühmten Schafskäse *Queijo da Serra* treffe ich in der Tasca von Sabugueiro Manuel Loureiro, den ältesten Mann des kleinen Dorfes, bei einem Glas Wein. „Seit ich 18 bin, trinke ich, jetzt bin ich 95 und trinke noch manchen anderen unter den Tisch", erzählt er stolz und streicht über seinen monumentalen Schnurrbart. Er lebt allein in seinem Granithäuschen neben der Kirche, und wenn er abends nicht einschlafen kann, dichtet Senhor Manuel. Seine Lieder singt er dann in der Tasca vor. „Ich war schon Schäfer, Müller, Bauer und Schmied, jetzt bin ich Rentner und Sozialist" – mit diesen Worten blickt Manuel Loureiro auf sein erfülltes Leben zurück und wünscht mir zum Abschied alles Gute.

Zurück fahre ich über *Viseu*, die Stadt, in der Portugals Renaissance-Malerei ihre höchste Blüte erlebt hat. Vasco Gonçalves hat hier seine Kunstwerke geschaffen, als Grão Vasco, der große Vasco, ist er in die Kunstgeschichte eingegangen. Anfangs noch stark von der italienischen Malerei und auch von Kupferstichen Dürers beeinflußt, hat Grão Vasco bald seinen eigenen Stil gefunden. Pflanzen und Ornamente, die die Portugiesen während der Entdeckungen vorfanden, gingen in seine Arbeiten ein, einer der Heiligen Drei Könige der Hochaltarbilder der Kathedrale von Viseu ist ein brasilianischer Indio, kein schwarzer Afrikaner.

Viseu war immer eine reiche Stadt, man sieht es den imposanten Granithäusern an. Die Kathedrale, in ihrer heutigen Form zum Großteil aus dem 16. Jahrhundert, erwächst prunkvoll aus den Felsen, der Fürstbischof Diogo mußte nicht am Geld sparen. Überhaupt herrscht an Kirchen und Kapellen aus allen Epochen kein Mangel, und man ist nicht ohne Grund geschichtsbewußt: Viriatus, der sagenumwobene Führer der Lusitanier, soll hier gelebt haben. So sehr setzten

er und sein Stamm den römischen Besatzern im 2. Jahrhundert vor Christus zu, daß diese, nachdem Viriatus mehrere ihrer Legionen vernichtend geschlagen hatte, sogar einen Sonderfrieden mit ihm schließen mußten. Endgültig losgeworden sind die Römer den portugiesischen Nationalhelden nur durch Verrat: Nachdem sie eine große Belohnung auf seinen Kopf ausgesetzt hatten, wurde Viriatus von Verrätern aus den eigenen Reihen im Schlaf ermordet.

Auch Essen hat in Viseu Tradition, darauf hatten mich bereits Zéca und Senhor Neves in der Schweineküche aufmerksam gemacht. „Viseu ist der einzige Ort des Landes, wo auch die Brotzeit auf der Speisekarte steht." Als kleinen Imbiß zwischendurch bieten die vielen kleinen Restaurants Steaks und *rojões* an, in Fett eingelegte Schweinefleischstückchen. Ich steige die steilen Treppen ins *Cortiço* hinunter, eine Kleinigkeit kann ja nichts schaden. Da der Wirt sich an meine früheren Besuche erinnert und mich wiedererkannt hat, bitte ich ihn, mir ein paar Flaschen von seinem Hausrotwein zu verkaufen, einem der besten *Dãos,* die ich je getrunken habe. Senhor Neves' Dank in der Schweineküche waren ihm und mir gewiß.

Den *Alentejo* und seine Menschen zu verstehen ist schwer, die Klischees von der Kornkammer Portugals und der letzten Hochburg der Kommunisten helfen wenig. Aber der Alentejo hatte schon immer etwas Faszinierendes. Bereits die ersten Könige Portugals hat es in diese Region *além do Tejo,* irgendwo jenseits des Tejo, gezogen: *Beja* wurde 1162 von den Mauren erobert, *Évora* 1166. Blutig waren die Schlachten der Reconquista, viele Orte wurden gewonnen und wieder verloren, erst 1226 entschied sich mit der Einnahme von Elvas der Krieg um den Alentejo. Unzählig sind die Geschichten von maurischen Schönheiten, die ihrem geliebten Feldherrn heimlich irgendein Stadttor öffneten.

In Évora lebte Dom Sancho I, 1262 zog Dom Afonso III dorthin, 1279 Dom Dinis. Im 14. Jahrhundert hielt Afonso IV 14 Jahre lang dort Hof. Während der zweiten Dynastie, gegründet 1385 von João I, dem *Mestre de Avis,* Großmeister eines Ritterordens, der seinen Sitz in dem Städtchen Avis im Alto Alentejo hatte, wurde *Évora* praktisch zur Hauptstadt Portugals. Anfang des 16. Jahrhunderts zieht mit der Renaissance auch eine Universität in Évora ein, später tobt der Barock.

Ein Spaziergang durch Évora ist ein Spaziergang durch die Geschichte: Der Diana-Tempel aus dem 2. Jahrhundert erinnert an die Römerzeit, in der die alte Liberalitas Julia ein wichtiges Handels- und Verwaltungszentrum war. Das *Loios*-Kloster aus dem 15. Jahrhundert wurde zu einer der schönsten *Pousadas* Portugals umgebaut. Etwas weiter unten beherrscht die wuchtige Kathedrale Sé das Stadtbild. Sie entstand gegen Ende des 12. Jahrhunderts, ihr reicher Kirchenschatz unterstreicht die Bedeutung Évoras in der Vergangenheit.

Durch die *Rua 5 de Outubro* gelangt man zum Stadtplatz, der *Praça do Geraldo*, mit seinen schattenspendenden Arkaden. Am unteren Ende der *Rua da República* liegt der Stadtpark, in dem der Idylle wegen 1863 gotische Ruinen nachgebaut wurden. Echt dagegen ist der Palast von Dom Manuel aus der Zeit um 1525. Außerhalb der noch völlig intakten Stadtmauer die unvermeidliche Stierkampfarena und das große Messegelände, das auch für Märkte dient und auf dem früher alle Jahre die großen Kongresse der *Reforma Agrária*, der berühmten Landreform, stattfanden.

Tausende von Landarbeitern haben hier den Führern der Nelkenrevolution zugejubelt. „A terra à quem a trabalha", hatten sie gefordert: Das Land dem, der darauf ackert! Jahrhundertelang hatten die in Lissabon lebenden reichen Großgrundbesitzer sich nicht um dieses von der gnadenlosen Sonne ausgebrannte Land gekümmert und hier nur Kampfstiere und Pferde gezüchtet. Die Tagelöhner dagegen mußten ihre Tomaten in ausrangierten Öltonnen pflanzen, kein noch so kleines Beet gestand der *patrão* ihnen zu. Kein Wunder, daß sie 1974 das Land besetzten, während der Reforma Agrária überall Kooperativen entstanden, die ihren Arbeitern festen Lohn bezahlten.

Nicht einmal 18 Jahre danach war alles wieder vorbei: Fast alle Kooperativen waren wieder verschwunden, hatten Pleite gemacht und nie die EG-Zuschüsse bekommen, die reichlich an private Landwirte geflossen waren. Das einst verstaatlichte Land wurde wieder an seine alten Besitzer zurückgegeben oder an dynamische Junglandwirte verkauft. „Haben Sie denn wirklich geglaubt, die Gemeinschaft würde in einem Partnerland eine sozialistische Landwirtschaft zulassen", fragte mich einmal ein hoher Funktionär aus dem Landwirtschaftsministerium. „Der Alentejo muß zu seiner alten Landwirtschaft zurückfinden", erklärte mir ein anderes Mal ein gutmütiger Großgrundbesitzer in der Nähe von Évora. „Hier funktioniert nur extensive Landwirtschaft. Inzwischen leben hier viel zu viele Menschen, die die Region nicht ernähren kann." Natürlich züchtet er Pferde, reinrassige Lusitanier, natürlich hat er Kampfstiere. Hinter dem Haus ein Tennisplatz und ein Swimming-Pool. Alles so ‚geschmackvoll' wie das Gutshaus aus dem 18. Jahrhundert und die barocke Hauskapelle, in der am Sonntag ein Priester die Messe liest.

Wenn man von Évora nach *Redondo* fährt, liegt kurz vor diesem Städtchen links das Dorf *Freixo.* Weiß gekalkte Häuser, zwei, drei schnurgerade Gassen, eine Bar und ein Konsum-Laden. Auf den Holzbänken vor der Kneipe sitzen nur alte Männer, wer arbeiten kann, ist zum Geldverdienen emigriert. Noch vor fünf Jahren hat es eine Kooperative gegeben, in der fast alle Dorfbewohner untergekommen waren. Jetzt sind die Felder und der Hof an den alten Besitzer zurückgegeben. Der hat angefangen, Wildschweine und Rehe auszusetzen, der alte Hof soll mit EG-Mitteln zu einem Jagdhotel umgebaut werden. „So ist das Leben", sagen die Alten vor der Bar und trinken ihren Rotwein. Schwermütig ist der Alentejo, trotzig hält er am Althergebrachten fest. Noch immer ist er anders als der Rest des Landes, wehrt sich gegen die mitteleuropäische Neokolonialisierung. Die niedrigen weißen Häuser mit den schwarz gekleideten Alten, die zeitlos in die Vergangenheit blicken, sind kein Klischee, es gibt sie wirklich: neben der Tasca in *Cuba,* am Straßenrand in *Alvito,* vor der alten Bergarbeitersiedlung in *São Domingos.*

Fast 2000 Arbeiter schufteten einst in diesem Kupferbergwerk, und wen die Mine hatte, den gab sie nicht mehr her: Mit ihren Familien wohnten die Arbeiter in Zwei-Zimmer-Häuschen, in Reihen aneinandergeklebt, der Abstand zwischen den Häuserzeilen gerade groß genug, daß zwei Männer aneinander vorbeigehen konnten. Wer krank war, kam ins Minenkrankenhaus, wer starb, auf den Bergwerksfriedhof. Die Ingenieure wohnten in schönen Villen am anderen Ende des Geländes. Das Bergwerk selbst gleicht einer Geisterstadt. Die Ruinen der alten Hallen sind ausgeschlachtet, die Stolleneingänge seit den 60er Jahren zubetoniert. Ein tiefroter See rundet das gespenstische Bild ab, hier wurden die Abwässer der Kupferproduktion gesammelt. Über den Gleisen einer einst 18 Kilometer langen Privateisenbahn, die das Kupfer zu einem Flußhafen am *Guadiana* transportierte, wuchert Gras. Fünf Kilometer flußaufwärts liegt *Mértola,* ein anders verwunschenes Alentejo-Städtchen. Die Phönizier haben hier einen Handelsstützpunkt gegründet, nach ihnen kamen irgendwann die Römer. Die Römer wurden im fünften Jahrhundert von den Sueben vertrieben, diese wiederum von den Mauren. 1238 eroberten die Portugiesen den Ort, auf der Burg zog der Santiago-Orden ein. Auch hier sitzen die Alten am Straßenrand und warten.

In *Santa Clara de Louredo* treffe ich den Padre Moreira. Er wartet nicht, ist ständig in Eile. Als katholischer Priester betreut er drei Gemeinden südlich von *Beja.* „Wir leisten hier Missionsarbeit", erklärt mir der rührige Gottesmann aus dem Norden: „Die alentejanischen Männer gehen zweimal in ihrem Leben in die Kirche – zur Taufe und zur Beerdigung." Und weil es mit dem Gottesdienst nicht getan ist, hat Padre Moreira bereits zwei Altenheime gegründet. „Die Jungen gehen weg, und die Alten wissen nicht wohin", sagt er. Stolz führt er mich durch drei kleine Kleiderfabriken, die er ebenfalls aufgebaut hat. „Die Frauen hier haben nichts zu tun, es gibt keine Arbeit", erzählt Padre Moreira. Also ist ihm die Textilindustrie aus seiner Heimat eingefallen. Jetzt sitzen die Frauen an den Nähmaschinen, ein Teil des Geldes dafür

kommt von der EG. Padre Moreira verschickt die fertigen Kleidungsstücke nach Angola, sucht mitteleuropäische Kunden für seine Konfektion. „Wir müssen Geld verdienen, wenn die EG-Zuschüsse auslaufen", weiß er und verabschiedet sich hastig, denn er muß zum Bischof nach Beja. Am Straßenrand sitzen die Alten und blicken geduldig seinem Ford Transit nach.

Lebenslustig ist der Alentejo, in *Serpa* ist Markttag. In den Zelten auf dem Platz am Ortsausgang gibt es von der Sense bis zum T-Shirt alles zu kaufen. Ein Ereignis für die ganze Familie: Aus unzähligen Lautsprechern der Kassettenverkäufer dröhnen Schlager, eine Zigeunerin preist ihre Lacoste-Hemden an, ein Schuhhändler lockt mit Sonderangeboten. Ich kaufe die kleinen Ziegenkäse, für die Serpa so berühmt ist, und fahre weiter, um mich in *Pias* mit Wein einzudecken, denke schon wieder an die Schweineküche.

Weiter im Norden wird der Alentejo hügelig, bei Estremoz fast bergig. Hier beginnt der *Alto Alentejo,* der bereits nördlich von Lissabon liegt. Fast endlos ist die Sicht in dem 850 Meter hoch gelegenen Dörfchen *Marvão.* Man ist sich der touristischen Werte dieses Gebirges an der spanischen Grenze durchaus bewußt: Marvão steht unter Denkmalschutz, mehrere Häuser wurden ohne Stilbruch zu einer Pousada umgebaut. Auch *Portalegre,* die größte Stadt der Region, blieb von häßlichen Neubauten weitgehend verschont, in *Castelo de Vide* hat man auf kleine Pensionen und Gästezimmer statt auf Hotelkomplexe gesetzt. Der Erfolg gibt diesem sanften Tourismus recht, daran ändert auch nichts, daß hier jetzt die ersten Luxusherbergen entstehen. Betonburgen, so versicherte mir der Bürgermeister von Castelo de Vide, wird es hier nie geben, da stünden schon die Alentejanos vor!

Mit den alentejanischen Delikatessen habe ich mich dann in der Schweineküche seelisch auf meine Algarve-Reise vorbereitet. Senhor Neves hat vor allem den Weißen aus Pias sehr geschätzt, wo er doch normalerweise Rotweintrinker ist. Ich weiß nicht, ob es nur Einbildung war, aber ich habe gedacht, er hätte fast ein bißchen mitleidig dreingeschaut, als ich sagte, als nächstes führe ich in die Algarve. „Sagt, was ihr wollt", hat Nita, meine Schwägerin dazwischengerufen, „das Meer in der Algarve ist toll zum Schwimmen." Senhor Neves hat es vorgezogen, über *Medronho* und Rotwein aus *Lagoa* zu reden.

Das Königreich von Portugal und der Algarve, so war zu Zeiten der Monarchie der offizielle Titel des westlichsten Landes Europas. Historisch richtig, erst 1249 wurde die letzte Provinz endgültig portugiesisch, und die maurischen Einflüsse sind darum in der Algarve besonders stark. Selbst der Name ist arabisch: *El-Cherb* heißt Westen, stand für die westlichste Region des Maurenreiches. Nachhaltig haben die Portugiesen mit dem früher wohl einmal reichen arabischen Erbe in der Algarve aufgeräumt.

Eine große Wasserzisterne auf der Burg in *Silves* ist so ziemlich alles, was aus dieser Zeit übriggeblieben ist. Gelernt haben sie daraus nichts: Systematisch wurde in den 80er Jahren die Küste der Westalgarve zerstört, die einst typischen einstöckigen Häuser mit ihren verzierten Kaminen sind Apartmentblöcken und Hotelburgen gewichen, wie sie sich überall rund ums Mittelmehr finden. Bauruinen stehen dazwischen, häßliche Denkmäler fehlgeschlagener Spekulation. Fast zwei Millionen Touristen marschieren jeden Sommer durch die Algarve, und sie hinterlassen ihre Spuren: Überall wird englisch gesprochen, die Preise sind auf mitteleuropäisches Niveau geklettert. Vor drei Jahren kam das schlimme Erwachen, mit der Krise gehen die Besucherzahlen zurück. Heute stehen immer mehr Hotelzimmer leer.

„Ich fahre nicht mehr in die Algarve", hat Jorge in der Schweineküche geschimpft, „die Autoschlangen, die Preise, die vielen Menschen – ich halte es nicht mehr aus. Außerdem wirst du, wenn du wie ein Einheimischer aussiehst, wie der letzte Dreck behandelt." Die fetten Trinkgelder geben eben die Ausländer. Die Portugiesen, so wissen die Algarvios, schimpfen nur über den schlechten Service. Es würde jetzt wieder besser, entgegnete Zé Emilio. Da immer weniger Engländer und Deutsche kämen, sei man auch zu Einheimischen wieder nett und freundlich. Und essen könne man in der Algarve immer noch sehr gut, man müsse nur wissen, wo.

In der Tat: nirgendwo schmecken die *Conquilhas,* eine Muschelart, so gut wie in *Portimão,* und der Fisch ist hier wirklich noch frisch. Selbst die Sardinen unten am Hafen sind noch immer die fettesten, wenn die Restaurants bei der alten Brücke über

den Arade-Fluß auch vor allem an englisch sprechenden Kunden interessiert sind und ihre Preise an deren Geldbeutel ausgerichtet haben. Portimão selbst ist häßlich, war es schon immer. Ein als ‚Mister Penthouse' bekannt gewordener Bürgermeister hat während des Tourismusbooms ein Weiteres getan, die Stadt zu verunstalten – und die *Praia da Rocha,* den Hausstrand von Portimão, der angeblich noch vor 30 Jahren eine Idylle war.

Hochhäuser haben die Belle-Epoque-Villen verdrängt, und in der Hochsaison fühlt man sich wie in Torremolinos: Gedränge auf der Straße, Diskolärm bis an den Strand, kaum ein Platz, das Badetuch auszubreiten. Wer mehr Platz braucht, muß weg von hier, nach Westen zum Beispiel, Richtung *Álvor.* Auf halbem Weg eine Touristenfestung, der Torralta-Komplex. Daneben Luxushotels, dahinter aber unendlich langer Strand, an dem sich, wenn man nur weit genug geht, selbst die schlimmsten Urlaubermassen verlaufen. Álvor selbst, einst ein Fischerdorf, hat sich in eine holländische Rentnerkolonie verwandelt. Sommers wie winters wird hier Niederländisch gesprochen. Doch auch die Portugiesen haben von dieser europäischen Umsiedlung profitiert. Der alte Postbote, Sr. Mário, der früher recht billig Zimmer vermietete, hat sich inzwischen zur Ruhe gesetzt. Er vermietet jetzt Villen, der alte Ramschladen in seinem Haus beim Postamt ist zum ‚Restaurant Postman' geworden. Sr. Mário läßt arbeiten und genießt, sehr zum Leidwesen seiner Frau, immer früher und immer öfter seinen *Medronho,* den aus Erdbeerbaumfrüchten gebrannten Schnaps der Algarve.

Zwischen *Álvor* und *Lagos* ist es grün, fast könnte man meinen, die Straße führt durch unberührte Natur. Werbeschilder und Wegweiser belehren den wißbegierigen Reisenden jedoch eines Besseren: Hier wird gegolft. Zuerst waren es wohl die Engländer, die diesen Sport in Portugal populär gemacht haben. Dann sind die Golfplätze zwischen Tavira und Lagos wie Pilze aus dem Boden geschossen. „Alle haben gedacht, schnell viel Geld mit den Greens zu verdienen, vertraute mir einmal ein Golfer an der schicken Bar des Golfhotels Penina an. „Das hat wohl auch geklappt, denn von hier bis Lagos gibt es auf knapp 20 Kilometern drei Plätze. Die Wasserrechnung für die Bewässerung möchte ich allerdings nicht bezahlen." Er schmunzelt, auch über die Touristen. Wirklich golfen könne man hier nur im Winter, im Sommer bei Temperaturen um die 40 Grad sei das Masochismus.

Der letzte Golfplatz endet an der *Meia Praia,* einem langen Strand an der Bucht von Lagos. Lagos hatte das Glück, schon vor der Touristenexplosion eine relativ große Stadt gewesen zu sein und während des Booms einen umsichtigen Bürgermeister gehabt zu haben. So sind die neuen Touristen- und Wohnsiedlungen außerhalb der Reste der alten Stadtmauer gewachsen, und man kann in Lagos noch etwas altportugiesischen Entdeckergeist erahnen. Auf dem Platz *Praça da República* etwa, wo in dem Eckhaus mit den Arkaden angeblich die ersten Negersklaven in Europa verkauft wurden. Auf der anderen Seite ein manuelinisches Fenster in der Stadtmauer, von dem aus König Dom Sebastião vor der Abreise zur verhängnisvollen *Schlacht von Alcácer Quibir* zu seinen Soldaten gesprochen haben soll. – Der Anfang und das Ende der glorreichen Zeiten Portugals auf einem Platz!

Heinrich der Seefahrer, der Infante Dom Henrique, hat Lagos groß gemacht. Seine Indiengesellschaft, die das Monopol auf den lukrativen Gewürzhandel besaß, hatte hier ihren Sitz, und wann immer einer der deutschen ‚Pfeffersäcke', wie zum Beispiel die Welser aus Augsburg, sich über dicken Profit freute, verdiente Dom Henrique mit. Geldgierig muß Heinrich gewesen sein und trotz seines Beinamens eine echte Landratte: Seine einzige Seefahrt, ein kleiner Ausflug nach Tanger, scheint ihm so zugesetzt zu haben, daß er nie wieder eine Karavelle betrat. Und auch seine berühmte Seefahrerschule von *Sagres* war wohl mehr Schein als Sein: Als Forschungszentrum, an das Dom Henrique Weise aus aller (bekannten) Welt geholt haben soll, hat diese Einrichtung nie bestanden, das haben mehrere Historiker bewiesen. Sie sei, behaupten böse Zungen, wohl eher ein Schwulentreff des Prinzen gewesen. Später verlor Lagos seine Bedeutung. Die dicken Naus mit den indischen Gewürzen und dem brasilianischen Gold legten direkt in Lissabon an, die Sklavenschiffe fuhren über die Kapverdischen Inseln direkt nach Brasilien. Die Sto.-António-Kirche hinter der Praça da República ist Lagos aus der großen Zeit geblieben, eine reichlich mit *talha dourada* geschmückte Kapelle, die nach dem Erdbeben von 1755, das auch

Lagos schwer traf, wieder aufgebaut wurde und heute ein kleines, aber feines Museum beheimatet.

Warum ausgerechnet auf der Burg von *Silves* das nationale Bierfest gefeiert wird, hat mir bis heute noch niemand erklären können. „Warum denn nicht, es funktioniert doch", haben mir bis jetzt fast alle Befragten echt portugiesisch geantwortet. Und wie es funktioniert, alljährlich im August: Tausende tanzen, feiern und betrinken sich auf der alten Maurenburg, kaum jemand protestiert gegen die Abfalllawine und die Schäden am historischen Gemäuer.

Silves war zu Maurenzeiten das intellektuelle Zentrum der Algarve; als die Portugiesen 1242 es endgültig eingenommen hatten, blieben vom alten Glanz nur Ruinen übrig. Die Stadt wurde zwar erneut aufgebaut, erreichte jedoch nie wieder ihre frühere Bedeutung. Durch das Hinterland, das der Tourismus und die Bodenspekulation noch weitgehend verschont haben, führt die alte Straße nach *Albufeira.* Dort endet – noch – die umstrittene Algarveschnellstraße *Via do Infante.* Sie wird einmal, wenn die EG-Zuschüsse alle verbaut sind, zweispurig Vila Real de Santo António an der spanischen Grenze mit Lagos verbinden. Quer durch eine vorher unberührte Landschaft. Und wahrscheinlich wird sie den Massentourismus mit seinen negativen Auswüchsen von Albufeira weiter in Richtung Westküste vorantragen.

Zwischen *Albufeira* und *Faro* verschandeln übereinander geschachtelte Apartments, Feriensiedlungen, Hotels, Diskotheken, ‘typische’ Restaurants die Küste. Stehen Neckermannwohnungen neben hermetisch abgeschlossenen Luxusdörfern, in denen man pro Tag gut und gerne 1000 Mark bezahlen kann. Für jeden Geschmack, für jeden Geldbeutel ist etwas geboten. Wer es darauf anlegen will, braucht nicht einmal ein Nachtquartier: Laserstrahlangepriesene Diskotheken wie das *Kadock* schließen erst um sieben Uhr morgens. Nach einem ‚deutschen Frühstück' kann, wer es aushält, um acht am menschenleeren Strand liegen.

Hinter Faro wird es wieder ruhiger. Im *Sotavento,* dem Ostteil der Algarve, ist zwar die Landschaft sanfter als im felsigen Westteil, doch haben hier noch nicht so viele Spekulanten zugeschlagen wie auf der anderen Seite. Sanft geht das Land ins fast wellenlose Meer über. Zu einigen der zum Teil bewohnten Inseln vor der Küste kann man bei Ebbe waten, und die Strände sind menschenleer. Hier wachsen Feigen-, Oliven- und Mandelbäume. Man hat noch Zeit, und die Touristen sind in der Minderheit.

Manchmal wundere ich mich, warum noch kein Tourismusmanager den Ort *Fuzeta* in ein neues Urlaubsparadies verwandelt hat, woher die Fischer sich dort noch die unendliche Zeit nehmen, ihre Netze neben der Kaimauer zu reparieren. Warum sie so gemächlich mit ihren Booten durch den natürlichen Kanal zwischen den Inseln und dem Festland tuckern und die Herumstehenden mit *bom dia*, guten Tag, begrüßen. Sollten sie noch nichts von den Gemeinschaftszuschüssen zur Modernisierung der portugiesischen Fischereiflotte gehört haben? Davon, daß nach einer Studie des Meeresministeriums rund zwei Drittel der Küstenfischer des Landes überflüssig sind und besser ihren Beruf aufgeben sollten?

Die Algarvesonne und die Seeluft haben tiefe Spuren in den Gesichtern dieser Männer hinterlassen. Sie sind Teil des alten Portugals, das sich noch immer wehrt, mitteleuropäisch zu werden. „Wir sind gern Fischer," erzählen sie mir lachend in der finsteren Kneipe. „Mein Urgroßvater war Fischer", erzählt einer von ihnen, „mein Vater war es, und ich bin Fischer." Die Politiker und Bürokraten in Lissabon und Brüssel mögen ruhig planen, in Fuzeta stört das keinen.

Auch das hügelige Hinterland bei *São Brás de Alportel* ist noch unberührt. Die Emigration hat sich in der kargen Landschaft ihren Tribut geholt, viele verlassene und verfallene Bauernhäuser bezeugen es. *Vende-se*, zu verkaufen, verheißen kleine Holztafeln, doch nur wenige zivilisationsmüde Ausländer haben bis jetzt zugegriffen.

Seit fast einer Stunde fahre ich durch die Gegend, werde von hilfsbereiten Alten hin und her geschickt. Schließlich werde ich bei Água das Taboas fündig: „Natürlich habe ich *Medronho*", lacht der Bauer Carlos und führt mich in seinen Hof. Der Erdbeerbaumschnaps wird gerade gebrannt, seine Frau bewacht die Destille. Allein vom süßen Geruch könnte man schon betrunken werden, und am Ende eines gewundenen Kupferrohrs tropft der Medronho in eine Fünf-Liter-Flasche. Senhor Carlos bietet mir ein Gläschen zum Probieren an und erzählt: Hier lebten zwar nur wenige

Ausländer, doch alle kämen sie zu ihm Medronho kaufen. Das Haus weiter hinten stehe zum Verkauf, der Besitzer, sein Cousin, lebe in Amerika. Es seien vor allem Holländer, die hier wohnten und hinter dem Haus habe er Orangen- und Zitronenbäume. Ob mir der Schnaps schmecke, ob ich noch ein Gläschen wolle? Eigentlich dürfe er ihn so ja gar nicht mehr verkaufen, das sei jetzt gegen das Gesetz. Aber wen kümmere es? Seine zwei Söhne lebten auch in Amerika, hätten Frau und Kinder dort und kämen wohl nicht wieder. Er selbst habe bis zur Pensionierung in Newark gearbeitet. Dann sei er mit seiner Frau zurückgegangen, hier sei es eben schöner. Jetzt lebe er von der Rente und ein bißchen Landwirtschaft.

Mir fällt Senhor Neves ein und daß er mir gesagt hat, ich solle unbedingt auch für ihn Medronho mitbringen – aber vom guten – und ich kaufe drum zwei große Flaschen. Ich verabschiede mich, und Senhor Carlos und seine Frau bringen mir Plastiktüten voller Orangen und Äpfel an die Wagentür. „Nehmen Sie die mit, sie schmecken ausgezeichnet. Hier ißt sie ja sowieso niemand."

Nachdenklich biege ich nach 18 Kilometer Kurven und Schlaglöcher wieder in die Algarveschnellstraße ein, fahre dem Wegweiser Lissabon nach, weiter nach Norden, zur Schweineküche von Senhor Neves.

„Der einzige Ort, wo man leben kann, ist Lissabon", sagte mein Freund Jorge Estrela bei einem seiner seltenen Besuchen in der Schweineküche. „Kultur ist in der Stadt, und Lissabon ist die einzige Stadt Portugals." Die stundenlangen Verkehrsstaus jeden Morgen, wenn mehr als eine halbe Million Menschen aus den Vororten in die Stadt pendeln, vergißt er großzügig. Auch die überfüllten Busse, die wie Sardinendosen vollgestopften U-Bahnen, die *Cacilheiros*, die Fähren, die jeden Morgen Tausende gehetzter Menschen am Terreiro do Paço ausspucken. Die Eile der vielen, die nicht das Glück haben, in Lissabon zu wohnen, sondern die sich nur die billigeren Wohnungen in den häßlichen Schlafstädten rund um die Hauptstadt leisten können. Den architektonischen Urwald, der *Almada, Amadora* oder *Oeiras* heißt und um sein schönes Lissabon wuchert, nimmt Jorge nicht zur Kenntnis.

Jahrelang sind Lissabon und seine Vororte mit dem Rücken zueinander explodiert, es mangelt noch immer an vernünftigen öffentlichen Verkehrsmitteln, es gibt noch keine Umgehungsautobahn. Die U-Bahn wächst zwar mit EG-Zuschüssen, fährt aber noch immer nur in der Stadt. Lissabon erstickt im Verkehr. Trotzdem hat Jorge wohl recht: Die Volksfeste im Juni, Musik und gegrillte Sardinen, Konzerte, Ausstellungen. Die Parks, die Straßencafés. Die Straße des 24. Juli mit ihren Bars und Diskotheken, die erst im Morgengrauen schließen, das Bairro Alto mit seinen Restaurants und Kneipen, die verwinkelte Alfama, brasilianische und afrikanische Musik, der Fado. In Lissabon wird gelebt.

Auf sieben Hügel soll die portugiesische Hauptstadt erbaut worden sein, ich habe sie bis heute nicht alle gefunden. Selbst vom Castelo São Jorge aus, der im Mittelalter erbauten St.-Georgs-Burg kann ich sie nicht alle ausmachen, Hochhäuser beherrschen das Bild. Vor allem nach Norden und nach Osten hin wachsen sie, die beiden anderen Seiten Lissabons dagegen, die zum Tejo gelegenen, haben ihre ursprüngliche Schönheit behalten. An der *Avenida da Liberdade*, der Prachtstraße vom Marquês-de-Pombal-Denkmal hinunter zum *Restauradores*-Platz, sind die Hotelburgen und Bürogebäude zwar nicht mehr zu stoppen. Die *Baixa* jedoch, die von *Pombal* nach dem großen Erdbeben vom Allerheiligentag 1755 schachbrettartig neu aufgebaute Unterstadt, hat sich nicht verändert. Zwischen den Läden pulsiert das Leben, auch die kleinen billigen Restaurants gibt es noch, selbst wenn ihre Besitzer über Kundenmangel und Krise klagen.

Aber Klagen ist sowieso Volkssport in Lissabon. Man tut es grundsätzlich immer und überall, auch in meinem Lieblingstransportmittel, der alten Straßenbahn. Ich fahre mit der 28 von *Graça* zum *Cemitério dos Prazeres*, dem Friedhof der Freuden. Während der Wagen durch die enge Rua das Escolas Gerais holpert, könnte man fast die zum Trocknen aufgehängte Wäsche vor den alten Häusern abnehmen. „Schauen Sie sich nur diesen Schmutz hier an", klagt eine Alte weiter hinten, „es ist eine Schande." Auf die Regierung wird geschimpft, die niedrigen

Renten, die lächerlichen Einkommen. Auf die schlecht geparkten Autos am Straßenrand, als der Fahrer bremsen muß und ganz langsam und ganz vorsichtig an einem Wagen vorbeistottert. Früher haben hier Wärter mit Laternen den Gegenverkehr gestoppt, wenn die Elektrische, der *eléctrico*, kam, heute regelt eine Ampel die Durchfahrt.

Lissabon ist Geschichte: An der romanischen Sé geht es vorbei, der alten Kathedrale. Afonso Henrique hat sie nach der *Reconquista* Lissabons bauen lassen, angeblich über einer arabischen Moschee, die ihrerseits auf den Ruinen einer westgotischen Kirche gestanden haben soll. Schräg gegenüber das Museum des Heiligen Antonius, des Lieblingsheiligen der Lissabonner. Ob wohl zu seiner Zeit auch schon die Fischfrauen in der *São-Pedro-Straße* lauthals ihre Sardinen und Seebarsche angepriesen haben? Er war ein echtes Kind der Alfama, dieser irgendwann um 1190 hier geborene Fernando Bulhões, den nur Unwissende den heiligen Antonius von Padua nennen. Was konnte der Ärmste denn dafür, daß das Schiff, mit dem er als Missionar nach Afrika gehen wollte, Schiffbruch erlitt und er in Italien hängenblieb? Portugiese ist er, Lissabonner und vor allem aus der Alfama, ihm zu Ehren geht die Stadt in der Nacht zum 13. Juni nicht ins Bett, sondern feiert, grillt Sardinen, trinkt Wein, tanzt und singt. Ein guter Ehestifter soll er sein, und auch für verlustig Gegangenes ist Santo António in Lissabon zuständig. Was das Heiraten betrifft, genügen Gebete und Kerzen, Verlorenes verlangt nach rabiateren Maßnahmen: Dann wird eine Antonius-Statue auf den Kopf gestellt und der Heilige beschimpft, bis das gesuchte Stück wieder auftaucht.

„Früher war Lissabon viel schöner", klagt ein anderer Fahrgast in der Elektrischen, „dieser unglaubliche Verkehr, man braucht ja stundenlang durch die Baixa." Den Fahrer läßt das Autogewühl in der Nähe des *Terreiro do Paço* kalt, er bedient seine Bremshebel. „Es ist ausdrücklich verboten, mit dem Fahrer während der Fahrt zu sprechen", verkündet ein Schild über seinem Fenster.

Torre de Belém, einst Bollwerk
und Tor zur weiten Welt

Kapverdianer Slums um Lissabon: Wir haben..

Arbeitskräfte gerufen und es kamen Menschen

die Brasileira ist einer der Treffpunkte Lissabons

auch der Zeitungskiosk
gehört zum Café

Linie 28, Lissabon

Montag ist Waschtag in den Vororten Lissabons

Bairro Alto: Kartenspieler am Carmen-Platz

Hausaufgaben beim Treppensteigen

Wozu auch einen Traktor? Bauern im Alentejo

Weizen unten, Oliven oben
Klassische Landwirtschaft im Alentejo

Korkeichen bis zum Horizont – typisch Alentejo

"und bist Du nicht willig, so brauch' ich Gewalt"

ein sanfter Griff

Schafskäse wie zu Großmutters Zeiten, Markt von Serpa

Frischfleisch-Abteilung auf dem Markt von Estremoz

alter Bauer aus Estremoz

Vor einer Bar in Cuba, Alentejo

"Forcados", die den Stier mit bloßen Händen fangen

anders als in Spanien verläßt der Stier lebend die Arena

Schäfer bei Estremoz

Beten um Regen – Flurprozession bei Serpa

Bürgerfassade an der Praça do Giraldo

Evora, die "Perle des Alentejo"

Ewige Ruhe im Alentejo: Friedhof bei São Domingos

Mertola hat seinen maurischen Charakter bewahrt

Monsaraz bei Reguengos...

einst befestigter Grenzort, heute "lebendes Museum"

von der EG als zu alt und unproduktiv
befunden: die alentejanischen Olivenbäume

mehr als zwei Drittel der Weltkork-
produktion kommen aus Portugal

die meisten Korkeichen wachsen südlich des Tejo

Tascas sind Männersache, auch im Alentejo

hinter dem Tresen

Freitagabend: totoloto in der tabaceria

Ciganos verkaufen Bettwäsche bei Aguiar

nur alle acht Jahre können die Korkeichen geschält werden

die besten Korken
werden von Hand
geschnitten

vom Fischerdörfchen zur Touristenhochburg: Albufeira

Ferragudo konnte seinen Charme bewahren

bizarre Felsen und Buchten in der Algarve

die Algarve-Westküste, ein Paradies für Angler

Fischer in Albufeira

der Atlantik ist die Speisekammer Portugals

Olhão: der Baustil verrät den arabischen Einfluß

Schuhputzer in Olhão

von den Kapverden ins Ferienparadies Algarve...

... als Maurer oder Putzfrau

"Azulejos" in der Kirche von Almansil ...

... und im Palastgarten von Estoi

die Atlantikküste im Nordwesten der Algarve ...

... blieb bis jetzt vom Touristenstrom verschont

"Caldeira", Kratersee auf Flores

das Dorf Fajã inmitten seiner Terrassenfelder

die Walfänger von einst bauen heute Modellfangboote

Ponta Delgada, Hauptstadt der Azoren

Santa Maria, die östlichste Azoreninsel

Vulkankegel "Pico"

der "Pico" (2351 m) ist der höchste Berg Portugals

die Azoreninsel Graciosa, die "Anmutige"

Brot für alle: Heilig-Geist-Fest auf der Insel Pico

Esel: wichtiges Verkehrsmittel auf den Azoren

Milchtransport per Maultier...

… zur Sammelstelle des Dorfes

Terrassenfelder auf Madeira

Steilküste von
Ponta de Sao Lourenço

Karneval in Funchal

Bringuinho: traditionelles Musikinstrument, Madeira

beliebte Exportware: Körbe aus Madeira

Markthalle von Funchal

je älter, desto besser:
Madeira-Wein

Lissabon ist eine geheimnisvolle Stadt: Die Hinweisschilder sind während der letzten Jahre zwar mehr geworden, doch noch immer weigert sich die Stadt, ihre Schönheit beim ersten Flirt zu zeigen. Das fängt schon bei den Namen an: Der *Rossio*, auf dem man sich zur Kaffeestunde verabredet hat, steht auf keinem Stadtplan – er heißt eigentlich *Praça Dom Pedro IV*, der *Terreiro do Paço* am Fluß wird offiziell als *Praça do Comercio* geführt. Dort legten im Zeitalter der Entdeckungen die dickbäuchigen Naus an, wanderten Gewürze und Gold direkt in die königlichen Lagerhäuser neben dem Palast, der hier stand und den das Erdbeben 1755 zerstörte. Wie die São-Julião-Kirche, die obendrein den Großteil der blühenden deutschen Kolonie unter ihren Trümmern begrub.

Wie Tausende katholische Lissabonner wurden auch die Deutschen während der Allerheiligenmesse vom Erdbeben überrascht. Im Hof des Palasts hat am 1. Mai 1513 ein Nashorn zum Gaudium der versammelten Hofschranzen wütend auf den Boden gestampft. Ein Geschenk des Königs von Cambaia an seinen portugiesischen Amtsbruder Manuel, der es seinerseits an den Papst weiterschicken wollte. Das Rhino starb, als das reich beladene Schiff in einem Sturm im Mittelmeer versank, doch irgendwer hatte vorher noch eine Skizze von ihm angefertigt. Die gelangte in die Hände eines gewissen Albrecht Dürer, Endprodukt war das *Rhinocerus – 1514*, heute im British Museum zu bewundern.

An der Oper und am Geburtshaus von Fernando Pessoa, Portugals wichtigstem Schriftsteller der Moderne, rattert die 28 vorbei, am *Chiado* mit dem *Café Brasileira*, wo sich noch immer Literaten und solche, die es werden wollen, treffen. Vor dem Jugendstileingang sitzt ein Bronze-Pessoa an seinem Tisch – während er noch lebte, hat er hier unzählige Kaffees, *bicas* heißen sie in Lissabon, und dazu seinen Schnaps getrunken. Nach ihm kamen die Faschismusgegner und – echt portugiesisch – die Spitzel der Geheimpolizei *Pide*, die ein paar hundert Meter die *António-Maria-Cardoso-Straße* hinunter ihr berüchtigtes Hauptquartier hatte. Auf den Diktator Salazar wurde da geschimpft, und einem bekannten Regimekritiker hat ein Geheimpolizist einmal gesagt, wären sie jetzt nicht in der Brasileira, würde er seine Klagen auf offener Straße wiederholen, so müßte er ihn sofort verhaften. Jetzt schimpft man auf die Regierung, die nicht vorhandene Kulturpolitik des zuständigen Staatssekretärs, der die Oper privatisiert hat und am liebsten die Kultur von Privatfirmen über Steuerabschreibungen finanzieren lassen würde. Neben Fernando Pessoa setzen sich Touristen zum Erinnerungsphoto an den Bronzetisch.

Für eine kurze Pause ist die Brasileira immer gut. Für einen schnellen Kaffee im Stehen und ein paar Gedanken über den portugiesischen Faschismus, der jetzt immerhin schon seit mehr als 20 Jahren Vergangenheit ist. Wieviele revolutionsbegeisterte Ausländer, allen voran Deutsche, hier wohl nach dem 25. April 1974 gesessen haben und die Zukunft des kleinen Portugals diskutierten? Nach 48 Jahren Diktatur hatte die Bewegung der Streitkräfte MFA das alte Regime mit einem unblutigen Militärputsch über Nacht beseitigt. Die damals jungen Offiziere hatten erkannt, daß der jahrelange Kolonialkrieg nicht zu gewinnen war: „Keinen einzigen Soldaten mehr für Afrika", hatten sie gefordert. Als sie merkten, daß der Diktator Caetano da nicht mitmachen wollte, stürzten sie ihn. Schon die erste Anordnung der neuen Herren – die Bevölkerung solle zu Hause bleiben und abwarten – ignorierten die Portugiesen. Sie gingen auf die Straße und feierten die neugewonnene Freiheit, steckten den Soldaten rote Nelken in die Gewehrläufe und machten die wahre Revolution.

Ein gutes Jahr lang war Portugal dann auf der Suche nach seinem eigenen Weg in den Sozialismus, so verkündeten damals die Programme selbst der rechtesten Parteien. Aber so ernst kann es keiner dieser Parteien gewesen sein, dennn ständig wurde intrigiert, eine Regierung nach der anderen verschlisseen. Wegen der massiven Kapitalflucht wurden die Banken und die Schlüsselindustrie verstaatlicht. Da sie keine ‚kommunistischen' Landarbeiter festeinstellen wollten, wurden die Großgrundbesitzer im Alentejo enteignet. Die Bewegung der Streitkräfte hatte die *Drei D's* proklamiert – Descolonializar, Democratizar, Desenvolver (Entkolonialisieren, Demokratisieren, Entwickeln), es herrschte Aufbruchstimmung im unterentwickeltsten Land Europas; ebenso bei den Revoluzzern der reichen europäischen Länder, die massenhaft ins nelkenrevolutionäre Portugal pilgerten.

Der ‚heiße Sommer' von 1975 ging schnell zu Ende, am 25. November des Jahres übernahm die Eliteeinheit *Comandos* die militärische Kontrolle der Hauptstadt Lissabon. Unter dem Komando von António Ramalho Eanes, dem späteren Präsidenten, beenden sie den berühmten PREC, den ablaufenden revolutionären Prozess. Die mit Ausnahme der Kommunistischen Partei allesamt erst nach der Nelkenrevolution in Portugal aufgetauchten Parteien nahmen das Land unter ihre Fittiche und schickten die Obristen, die dem Land die Freiheit geschenkt hatten, in den

Entdeckerkarte vor dem Seefahrerdenkmal

vorzeitigen Ruhestand. Otelo Sarraiva de Carvalho, der Mann, der den Putsch von 1974 geplant und organisiert hatte, wurde sogar zu einer 17jährigen Gefängnisstrafe verurteilt. ‚Gründung einer terroristischen Vereinigung' wurde ihm angelastet, weil er sich in einer linksradikalen Plitterpartei engagiert hatte, die ihrerseits mit den ‚Volkskräften des 25. April' (FP-25) in Verbindung gebracht wurde. Die FP-25 hatten im nachrevolutionären Portugal Banken überfallen und auch von der Schaffung eines Volksheeres war die Rede gewesen, das die ‚Errungenschaften des April', darunter auch die Staatsbetriebe, notfalls mit Waffengewalt verteidigen sollte. Inzwischen sind die einst verstaatlichten Unternehmen wieder privatisiert, auch die Landreform im Alentejo ist offiziell beendet. Portugal ist eine Demokratie wie alle anderen geworden, mein Kaffe ist ausgetrunken, und auch die Revolutionstouristen sind seit langem wieder abgereist.

Am *Camões*-Denkmal holpert die Straßenbahn vorbei, die *Calçada do Combro* hinunter in die *Rua do Poço dos Negros*. Lissabon ist Afrika: Im Goldenen Zeitalter ist hier ein Brunnen gewesen, an dem nur Schwarze Wasser geholt haben, darum der Straßenname. Weiter westwärts Richtung *Santos*, in der *Madragoa*, war das Afrikaner-Ghetto von Lissabon, ist es zum Teil noch heute. Die Kapverdianer wohnen in den halbverfallenen Häusern beim Parlament, der bekannte afrikanische Sänger Dany Silva hat die *Criola de São Bento*, das schöne dunkelhäutige Mädchen von São Bento, in einem Hitparadenstürmer verewigt. Tagsüber stehen die Afrikaner in ihren bunten Kleidern am Rossio, unterhalten sich, warten auf Gelegenheitsarbeiten.

Niemand weiß genau, wie viele sie sind: Zehntausende wurden, nachdem Portugal 1975 seine afrikanischen Kolonien in die Unabhängigkeit entließ, portugiesische Staatsbürger, Zehntausende kamen danach als illegale Einwanderer, um auf Lissabons Baustellen als billige Arbeitskräfte ausgebeutet zu werden. Auch das hat Tradition: Als Portugals Männer in den 60er Jahren entweder als Soldaten in Afrika oder als Gastarbeiter in Europa waren, holte der Diktator Salazar Kapverdianer, um die U-Bahn zu bauen. Heute brauchen sie ein Visum und Bürgen, selbst wenn sie nur Familienangehörige in Portugal besuchen wollen. Die Festung Europa schottet sich ab, was interessieren da Portugals historische Bande

zu Angola, Mosambik, den Kapverdischen Inseln oder Guinea?

„Wir haben es zu einem bescheidenen Wohlstand gebracht", erklärte mir einmal der zuständige Staatssekretär im Innenministerium die neue Ausländerpolitik. „Aber wenn wir jetzt mit allen, die aus den Ex-Kolonien hierherwollen, teilen sollten, hätten wir nicht genug." Fast 500 Jahre gemeinsame Geschichte werden so mit europapolitischen Federstrichen abgeschlossen. Zumindest auf Regierungsebene, weiter unten ist das anders: Die afrikanischen Diskotheken von Lissabon sind auch bei den Weißen beliebt. Am Wochenende platzen die *Lontra* oder das *Pilon* aus allen Nähten, auf der Tanzfläche gibt es keine Rassenunterschiede. Auch im täglichen Leben kaum: Diskriminierung findet nur im kleinen statt, Gewalt gegen Schwarze ist die absolute Ausnahme. Die pompösen Wandgemälde im Prunksaal des Parlaments, die Neger vor den portugiesischen Entdeckern knieend darstellen, werden bei Staatsbesuchen aus Afrika dezent mit Vorhängen bedeckt.

Die Elektrische ist fast am Ziel: Am Parlament vorbei schnauft sie den Berg hinauf zur *Estrela*-Basilika. Wieder der Wahnsinn des Goldenen Zeitalters: Gebaut wurde die Kirche zwischen 1779 und 1790, gekostet hat sie ein Vermögen: 16 Millionen Cruzados. Aber was soll's, das Gold aus Brasilien floß reichlich und schließlich hatte die Königin Maria I beim ‚Herzen Jesu' den Bau versprochen, würde sie nur einen Sohn gebären. Maria war häßlich und geisteskrank. 1799 übernahm der Prinzgemahl, der sich nie sonderlich um sie gekümmert hatte, die Regierungsgeschäfte. Während der Hof weiter praßte, fristete sie einsam ihr Leben im Palast von Queluz, am 20. März 1816 starb sie verlassen in Brasilien.

Einsam sind auch die Alten, die jeden Tag auf den Bänken im Estrela-Park gegenüber sitzen. Aber sie scheinen sich daran nicht zu stören: Während außen der Verkehr tobt, spielen sie Karten oder lesen die Zeitung. Sie füttern die Vögel und haben mit dem modernen, hektischen Lissabon nichts im Sinn. „Früher war es im Park noch schöner, an jedem Wochenende gab es Konzerte im Pavillon", erinnert sich ein Alter, „aber jetzt gefällt es mir auch. Ich komme jeden Tag bei schönem Wetter. Etwas anderes habe ich sowieso nicht zu tun." Dann widmet er sich wieder mit voller Energie dem Nichtstun.

Die 28 tuckert durch das Bürgerviertel *Campo de Ourique.* Es ist schick, hier zu wohnen, in den Häusern aus der Jahrhundertwende und in den später entstandenen Neubauten. Im Café um die Ecke schimpft man über die immer größer werdende Parkplatznot, aber für die Mittelständler, die dort wohnen, sind blitzende Autos ein Statussymbol, und Garagen gibt es nicht. Die Tante-Emma-Läden, *mercearias,* wo man am Monatsende auch anschreiben lassen kann, weichen den modernen Boutiquen. Die alten Bürger sterben weg, die neuen haben Kreditkarten. Nach der letzten Rechtskurve bin ich am Ziel: *Cemitério dos Prazeres,* der Friedhof der Freuden. Da soll noch einer sagen, der Tod macht alle gleich: Der Cemitério dos Prazeres ist eine eigene Stadt, es gibt feine Wohngegenden und Slums. An der Hauptstraße zur Friedhofskapelle die Prachtbauten: Engelbewehrte Mausoleen, neugotische Säulen und wohlklingende Namen. Je weiter weg vom Haupteingang, desto bescheidener werden die Gräber. Und ganz am Ende die Sozialwohnungen: In der Mauer sind Grabstätten wie Schließfächer über- und nebeneinander eingelassen, eine schlichte Marmorplatte nennt die Namen der Toten. Es war noch schlimmer: Im Goldenen Zeitalter, so geht aus zeitgenössischen Berichten hervor, wurden hier die Leichname der Sklaven einfach den Abhang hinuntergeworfen. Auf die Idee, sie zu beerdigen, ist man erst gekommen, als der Verwesungsgeruch unerträglich geworden war.

Für die Reichen und Blaublütigen waren das Nebensächlichkeiten: Alles, was Rang und Namen hatte, hat spätestens nach dem Erdbeben 1755 der Hauptstadt den Rücken gekehrt und ist aufs Land gezogen. Die Gutshäuser und Paläste zwischen den Neubausiedlungen in den Vororten erinnern noch heute daran. Man lebte in Belas, Queluz oder Sintra, Lissabon war nur gut zum Geschäftemachen. Vor allem *Sintra* hatte es – und tut es noch immer – den besseren Leuten angetan.

Im milden Klima des Sintra-Gebirges entstanden wahnwitzige Paläste, wie zum Beispiel der von Seteais, der heute ein

Luxushotel ist. Ein Holländer hatte ihn im 18. Jahrhundert ohne Rücksicht auf Kosten gebaut. Er konnte es sich leisten, schließlich hatte er dem König das Edelsteinmonopol für Brasilien abgehandelt. Seine Majestät lebte im Sommerpalast mitten in der Stadt, damit überbeschäftigt, seine Reichtümer zu verprassen. Die Dekadenz war ausgebrochen, es ging zu Ende mit dem portugiesischen Imperium, und bald mußte Hoheit vor dem Invasionsheer Napoleons nach Brasilien fliehen.

Im 19. Jahrhundert entdecken die Romantiker Sintra. Lord Byron schwärmt von *Sintras glorious Eden,* von Landgütern wie dem von Monserate. Der Palast wurde 1793 von dem steinreichen Engländer Gerard de Visme errichtet und später mehrmals umgebaut. William Beckford hat hier gelebt, der deutschstämmige König Fernando II, eigentlich Ferdinand von Sachsen-Coburg-Gotha, hat sich mit dem Castelo da Pena weiter oben im Gebirge sein portugiesisches Neuschwanstein bauen lassen. Gemalt hat er und gedichtet, zum Herrscher taugte er wenig: 1851 weigerte Fernando sich, sein Heer gegen den rebellierenden *Duque de Saldanha* in die Schlacht zu schicken, und kehrte, ohne daß auch nur ein einziger Schuß abgefeuert wurde, nach Lissabon zurück. Heute verfällt der Palast von Monserate, den riesigen Park holt sich der wuchernde Wildwuchs der Natur zurück. Was einst in unzähligen Arbeitsstunden künstlich auf besonders natürlich getrimmt worden war, überwächst der Efeu. Sintras große Zeit ist vorbei, und um die vielen im Wald versteckten Gutshäuser zu erhalten, mußten die meisten Besitzer sie den Touristen öffnen. In der *Quinta de São Thiago* begrüßt Frau Gräfin persönlich die Gäste, über die ihre Vorfahren noch die Nase hätten. Es mache ihr Spaß, den Urlaubern die Geschichte des Gutes zu erzählen, sagt sie. Und fast alle, die kämen, hätten ja schließlich einen gewissen Bildungsstand, seien an kulturellen Werten interessiert und wollten nicht einfach Sonne und Meer. Gott sei Dank!

Belas hat die Gegenwart noch übler mitgespielt. Gleich hinter den Gütern und den Herrenhäusern türmen sich Wohnsilos, die

Pendlerautoschlangen morgens und abends sind endlos. Hinter einer unscheinbaren Steinmauer hat sich jedoch ein kleines Paradies erhalten. *Quinta Wimmer* steht neben dem alten Eisentor, dahinter liegt das Reich von Rainer Daenhardt, 53, Kaufmann, Millionär und größter Kunstsammler Portugals. Seine Familie lebt seit Generationen in Portugal, sowohl die Wimmers als auch die Daenhardts waren Geschäftsleute, Konsuln, eben angesehene Mitglieder der deutschen Kolonie. Rainer wurde während der Kriegswirren in Österreich geboren, erst 1957 konnte seine Familie nach Portugal zurückkehren. Die Sammlerleidenschaft hatte ihn da, ausgelöst durch ein paar alte Münzen, bereits befallen.

Im Lauf der Jahre hat sich in seiner *Villa Sachsen*, die einem Museum gleicht, einiges angesammelt: Alte Karten der früheren portugiesischen Kolonie Goa hängen an der Wand, eine davon wird in fast jedem Geschichtsbuch reproduziert. Rüstungen und Waffen verschiedener Könige stehen im Speisesaal, und der berühmte goldene Helm König Antónios I, den Daenhardt auf den Azoren entdeckt hat. Bis vor kurzem war der noch auf einer Ausstellung im Metropolitan Museum in New York. Wann immer der portugiesische Staat seine Geschichte ausstellen will, muß Rainer Daenhardt ran. Er verborgt seine Schätze gern, fühlt sich den Portugiesen aufs innigste verbunden. Stolz zeigt er die kleine Kanone vor dem Haus; die einzige, die aus der verlorenen Schlacht von *Alcácer Quibir* nach Portugal zurückkehrte und die bei besonderen Anlässen abgefeuert wird. Am Fahnenmast daneben weht, wenn Minister bei ihm zu Gast sind, oft die portugiesische Fahne. „Die der Bundesrepublik haben wir nie aufgezogen, meine Familie ist eher dem Kaiserreich verbunden," bemerkt Daenhardt trocken. Und der Geschichte: Im Garten hat er sogar ein altes Hünengrab neu aufbauen lassen, über den tonnenschweren Steinen symbolisiert ein Wildschein *Endovelicus*, den wichtigsten Gott der alten Lusitanier. „Mit Deutschland habe ich wenig am Hut", vertraut er mir an, „ich bin hier völlig integriert. In Portugal ein Fremder zu sein ist

schön, in Deutschland kann man das nicht gerade behaupten."

„Bananen mußt du aus Madeira mitbringen, die kleinen, die schmecken am besten", hat meine Schwägerin Nita in der Schweineküche mich gedrängt. Eine Flasche Madeirawein dürfte ich nicht vergessen, meinte Senhor Neves. Wie die meisten Festlandportugiesen kennt Senhor Neves Madeira und die Azoren nur von Fotos. „Auf São Miguel regnet es die ganze Zeit", sagte Jorge und hatte nicht unrecht: Auf den Azoren sei das Klima das ganze Jahr gleich, die vier Jahreszeiten ereigneten sich an einem Tag, witzeln die Inselbewohner. Sehnor Neves war mehr an Kulinarischem interessiert: „*Queijo da Ilha* aus São Jorge darfst du auf keinen Fall vergessen", mahnte er mehrmals, „aber den echten. Der Käse, der hier verkauft wird, schmeckt ja nach nichts."

Was wäre ein Seefahrervolk ohne Inseln? Stützpunkte, in denen Schiffe mit Proviant und Wasser versorgt werden konnten, waren für Entdeckungen und Handel unerläßlich. Mehr als hundert Jahre stritten sich Portugal und Spanien um die Kanarischen Inseln, und erst am 6. März 1480 gaben die Portugiesen endgültig nach. Da konnte ihnen die Kontrolle der Kanaren bereits egal sein: Um 1420 hatten sie Madeira entdeckt, fünf Jahre später brachten João Gonçalves Zarco und Tristão Teixeira die ersten Siedler, zum Großteil aus der damals bitterarmen Algarve, auf die Insel. Bartolomeu Perestrelo, der dritte Entdecker, ließ sich auf der Nachbarinsel Porto Santo nieder. *Madeira* bedeutet Holz, und davon gab es, so die Berichte aus jener Zeit, mehr als genug. So viel, daß die ersten Siedler sich nur durch Brandrodungen Platz zu schaffen wußten: Monatelang haben danach die Brände auf der Insel gewütet. Tristão Teixeira blieb in Machico, Zarco gründete an der größten Bucht der Insel die jetztige Hauptstadt Funchal. Zuckerrohr wurde gepflanzt, und bald lief ein lukrativer Handel mit dem Festland. Wie reich die Herren Madeiras geworden sind, beweisen die Kathedrale und die flämisch beeinflußten Kirchenbilder, die damals für viel Geld bestellt wurden.

Der gute Zarco tat recht damit, sich an der klimatisch milderen Südküste der Insel niederzulassen, alle Madeira-Urlauber werden das bestätigen. Seit die Tourismusmanager die Insel entdeckt haben, platzt Funchal aus allen Nähten. Entlang der Küste haben Hotels die einst so typischen Bananenplantagen verdrängt. Machico dagegen ist in einen Dornröschenschlaf verfallen. Längst rentiert sich die Zuckerproduktion nicht mehr, die vielen Pressen verfallen. Madeiras Haupteinnahmequellen sind heute der Tourismus und die EG-Zuschüsse. Wie ein kleiner Inselkönig beherrscht ein Regionalregierungschef sein Paradies im Atlantik. Die besseren Inselregierungsbeamten wohnen in Regierungswohnungen, ebenso viele Ärzte, Lehrer und sogar Journalisten. Die von der Regionalregierung schlecht bezahlten Müllmänner sind in Sozialwohnungen untergebracht, und überhaupt ist der Inselkönig Hauptarbeitgeber; selbst die zahllosen am Straßenrand wachsenden Hortensien werden liebevoll von Regierungsbediensteten gestutzt. Nur wer aufmuckt, bekommt den Zorn des Inselkönigs mit voller Wucht zu spüren – der aufmüpfige Bürgermeister von Machico kann ein Lied davon singen. Padre Martins Júnior, ein vom Bischof suspendierter katholischer Priester, klagt über nicht ausreichend zugeteilte Regionalregierungsmittel und die Obstruktion des Inselkönigs gegen notwendige Bauarbeiten in seiner Gemeinde. „Wie sollen wir etwas vom Tourismus auf Madeira abbekommen, wenn die Straßen hier so schlecht sind", fragt er verzweifelt. „Oft weiß ich am Monatsende nicht einmal, womit ich die Stadtarbeiter bezahlen soll."

Madeira war schon immer etwas eigen, erzählt mir John Farrow, Besitzer des englischen Buchladens in Funchal. Die Madeirenser sprechen vom Kontinent, wenn sie Festlandportugal meinen, mißtrauen grundsätzlich Lissabon und all seinen Gesetzen und Verordnungen. Den Inselkönig hätten alle gern, erklärt Farrow und erzählt schmunzelnd die Geschichte, wie der es geschafft hätte, EG-Geld für den Straßenbau an der Nordküste lockerzumachen. In einem besonders alten Regionalregierungswagen habe seine Exzellenz den zuständigen

EG-Kommissar über die schlimmsten Holperwege kutschieren lassen. Nach wenigen Kilometern und vielen Stunden habe er ihn dann zum Essen eingeladen und geklagt, Lissabon ließe nur Straßen auf dem Festland bauen. Das Sonderprogramm, das von der Gemeinschaft für Madeira aufgelegt wurde, heißt übrigens POSEIMA.

Stolz sind die Madeirenser auch auf ihre Vergangenheit. Als es den Hafen noch nicht gab und die feinen englischen Damen zuerst in kleine Ruderboote umsteigen mußten und schließlich von Fischern auf den Schultern an Land getragen wurden. In Sänften ließ sich die bessere Gesellschaft damals auf den steilen Wegen zu den Schönheiten der Insel tragen, und der Fünf-Uhr-Tee im *Hotel Reid's* war auch den reichen Madeirensern eine heilige Institution. Nicht zu vergessen, daß Kaiserin Sissi genau in dem Haus, das heute dem Inselkönig als Regierungssitz dient, eine Lungenentzündung und ihren Liebeskummer auskuriert hat, daß Österreich-Ungarns letzter Herrscher in der Wallfahrtskirche Monte bestattet ist. Die Vicentes, zwei Fotografen aus Funchal, haben diese Zeiten auf Platten gebannt, in ihrem Atelier in der Carreira-Straße, das heute ein Museum ist.

Porto Santo dagegen ist bescheidener. Man erreicht die kleine Insel in 20 Minuten mit dem Flugzeug, kann aber auch mit einem Tragflächenboot fahren. Hier gibt es einen unendlichen weißen Sandstrand, den einzigen des Archipels, und keine Hotels. Die wenigen Ausländer kommen in Pensionen unter, wer in *Funchal* etwas auf sich hält, hat dort ein Ferienhaus. Bei der Kirche steht das *Kolumbus*-Haus, in dem dieser 'italienische Gangster' angeblich gelebt hat. Eine Lehrerin führt mich: „Kolumbus hat die Tochter von Kapitän Bartolomeu Perestrelo geheiratet." Diese Heirat scheint jedoch das einzig Nachweisbare während seines Madeira-Aufenthalts zu sein. Kolumbus habe in Funchal im Zuckergeschäft mitgemischt, heißt es, von mindestens zwei Häusern wird behauptet, er habe dort gewohnt. Von den portugiesischen Seefahrern habe er sich illegalerweise Navigationsgeheimnisse angeeignet, der Plan für seine Indienfahrt nach Westen sei auf Madeira gereift, erzählt die Lehrerin. Auch die Geschichte von der Kolumbus-Bohne darf nicht fehlen: Nach einem Sturm habe er am Strand eine aus der Neuen Welt angeschwemmte Bohne gefunden, den Beweis, daß man auch von Westen zum indischen Festland gelange. Wie recht der portugiesische König doch hatte, als er den Spinner zum Teufel jagte!

Ärgerlich war nur Kolumbus' Rückkehr. Am 15. März 1493 legt er ausgerechnet in Lissabon an. Die Nachricht, er habe die Westroute nach Indien entdeckt, verbreitet sich wie ein Lauffeuer in der Stadt. Vorher, am 18. Februar, hatte er bei *Ilha Terçeira* auf den Azoren festgemacht und sich mit Proviant versorgt. Die neun Inseln des Azoren-Archipels sollen gegen Ende des 14. oder in der ersten Hälfte des 15. Jahrhunderts entdeckt worden sein und geistern seit damals in den verschiedensten Formen und an den unterschiedlichsten Orten durch die Kartographie. Auch eine Phantom-Inselgruppe verzeichnen die Landkartenkünstler von damals, die Falschen Azoren. Das mag wohl mit der Geheimniskrämerei um die Seefahrt zu tun gehabt haben, aber auch mit dem etwas verworrenen Weltbild zu Beginn der Entdeckungen.

Mancher Glücksritter war auf der Suche nach der sagenhaften ‚Insel der sieben Städte'. Noch heute gibt es Leute, die behaupten, die Azoren seien die Bergspitzen des versunkenen Atlantis. Tatsache ist, daß die Inseln 1439 besiedelt worden sind, 53 Jahre später Kolumbus dort behauptete, in Indien gewesen zu sein, und der amerikanische Schriftsteller Mark Twain sie am 21. Juni 1867 so vorfand: „Die Bevölkerung ist ganz ausgesprochen portugiesisch – das heißt, sie sind schwerfällig, arm, ungewandt, verschlafen und faul . . . Die Inseln haben eine Bevölkerung von etwa 200 000 Menschen, fast ausschließlich Portugiesen. Alles ist geregelt und alt, denn das Land war hundert Jahre alt, als Kolumbus Amerika entdeckte. Es wird hauptsächlich Getreide angebaut, und sie bauen es genau so an und mahlen es genau so, wie ihre Ururgroßeltern es taten. Sie pflügen mit einem Brett, das leicht mit Eisen beschlagen ist; ihre lächerlich kleinen Eggen werden von Männern und

Frauen gezogen; kleine Windmühlen mahlen das Getreide, zehn *Bushel* am Tag; und es gibt da einen Unteraufseher, der die Mühle bedient, und einen Oberaufseher, der daneben steht und aufpaßt, daß ersterer nicht einschläft. Wenn der Wind dreht, spannen sie einige Esel an und schwenken tatsächlich die ganze obere Hälfte der Mühle herum, bis die Flügel in der richtigen Stellung sind, anstatt die Sache so einzurichten, daß die Flügel statt der Mühle bewegt werden können."

Im großen und ganzen hat sich auf den glücklichen Azoren wenig daran geändert. Einen Zivil- und Militärgouverneur gibt es noch heute, darüber hinaus ein Inselparlament mit Regierungschef wie auf Madeira. Die Landwirtschaft ist noch genauso wichtig, nur die alten Mühlen werden nicht mehr in den Wind gedreht. Zu den Eseln sind die Kühe gekommen, Milch und Milchprodukte sowie Rindfleisch sind die Hauptexportartikel der Azoren. An zweiter Stelle folgt die Abwanderung, es gibt wohl kaum eine Familie, aus der nicht irgend jemand als Gastarbeiter ins Ausland gegangen ist. Auf den amerikanischen Walfängern haben die Männer angeheuert, die ‚States' sind für die Azorianer zu einer zweiten ‚Insel der sieben Städte' geworden. Tausende leben an der Ostküste, und im Gegenzug haben die USA auf Terceira einen riesigen Luftwaffenstützpunkt eingerichtet, einen natürlichen Flugzeugträger im Atlantik, der nach dem Ende der Sowjetunion immer unwichtiger wird.

In *Angra do Heroismo* auf *Terceira* tagt das Regionalparlament. Ein politisches Zugeständnis an die Stadt, die ihre Bedeutung längst an *Ponta Delgada* auf *São Miguel* abgeben mußte. 1980 zerstörte ein schweres Erdbeben *Angra*, das weitsichtig und vorbildlich restauriert wurde. Die Insel *Pico* beheimatet, so steht es in den Erdkundebüchern, den höchsten Berg Portugals: 2351 Meter ist dieser Vulkan hoch, von dem man nie weiß, wann er wieder ausbrechen wird, auch einen guten Wein gibt es dort.

São Jorge ist die viertgrößte Insel, bekannt für ihren würzigen Käse *Queijo da Ilha*. Faial, die fünftgrößte Insel, das touristische Zentrum des Archipels. Weltumsegler treffen sich im Café Sport, haben an der Kaimauer im Jachthafen ihre bunten Wandmalereien hinterlassen. Sogar Sandstrände, die auf den Azoren rar sind, gibt es hier – der vulkanische Sand allerdings ist tiefschwarz, die Wassertemperatur wegen des Golfstroms angenehm. ‚Graciosa', die anmutige Insel, macht ihrem Namen alle Ehre: Jahrtausende haben die Kanten der Vulkankrater teilweise abgeschliffen, an anderer Stelle ragen bizarre Lavaformationen auf.

Santa Maria im Südosten des Archipels war früher die Brücke zur Welt. Hier wurde der erste Flughafen der Azoren gebaut, der inzwischen aber von den internationalen Airlines nicht mehr angeflogen wird. Die Arbeitsplätze wurden noch weniger, die Abwanderung stärker. *Flores* und *Corvo* sind die westlichsten Azoren-Inseln. Auf der ersten, der ‚Blumeninsel', unterhielt noch bis vor zwei Jahren die französische Armee eine Funkmeßstation. Die hatte nicht nur für Abwechslung, sondern auch für einen Teil der Basisversorgung der rund 4000 Bewohner gesorgt. Jetzt ist es auf Flores noch ruhiger geworden. Nach Corvo, der kleinsten der neun Inseln, fliegt nicht einmal ein Flugzeug. Bei ruhiger See jedoch kann man von Flores mit dem Schiff dorthin kommen. Die knapp 400 Bürger wohnen fast alle in *Vila Nova* und leben von der Viehzucht. Viel gibt es nicht zu tun, und die Fahrt nach *Ponta Delgada* erscheint schon fast wie eine Weltreise.

In Ponta Delgada sitzt die Archipelregierung. Auf weniger spektakuläre Weise als auf Madeira hat es auch der örtliche Regierungschef geschafft, die Institutionen mit Männern seines Vertrauens und seiner Parteicouleur zu besetzen. Klein, fein und sauber ist Ponta Delgada, provinziell nennen es böse Zungen. Die Straßen im Zentrum sind mit Kopfsteinmosaiken verziert, dunkler Vulkanbasalt schmückt Hausportale und Fenster. Das Leben verläuft in seit Jahrhunderten geregelten Bahnen, selbst die kleinen Erdstöße, die von Zeit zu Zeit die Besucher erschrecken, bringen keinen der Einheimischen aus der Fassung. Für die Kinder, die von der Kaimauer in das warme Hafenwasser springen, hat der alte

Angler gerade mal ein vorwurfsvolles Aufblicken übrig. Mit dem Ende des Walfangs ist auch die große Zeit der azorianischen Fischer zu Ende gegangen, die Alten sitzen auf der Straße vor den Kneipen und träumen von früher.

Landwirtschaft und Viehzucht sind auch auf *São Miguel* die Haupteinkommensquelle. Der Tourismus ist trotz einiger bombastischer Hotelneubauten in den Anfängen steckengeblieben. „Es fehlen eben die Infrastrukturen", erklären die Verantwortlichen im Tourismusamt die niedrige Zahl der Azoren-Besucher. An der atemberaubenden Landschaft auf São Miguel zumindest könne es nicht liegen, nicht an der bizarren Felsenküste, nicht am grünen Gebirge *Serra de Água de Pau*, der üppigen Vegetation, den Kraterseen, den Geysieren bei *Furnas*. Dorthin fährt kochtopfbewaffnet ganz *Ponta Delgada* am Wochenende. Die Töpfe werden in der kochend heißen Erde eingegraben, so entsteht das beste „Cozido à Portuguesa" der Welt, ein Fleischeintopf und das Nationalgericht auch auf den Azoren, behaupten die Leute.

Glückliche Azoren? Nicht unbedingt! Die Azorianer fühlen sich von der fernen Zentralregierung in Lissabon gegängelt. Immer wieder taucht das Schreckgespenst der Unabhängigkeit auf, für die in der Revolutionszeit die FLA, die Befreiungsfront der Azoren, sogar mit Bomben und Henry Kissingers Unterstützung gekämpft hat. Lissabon vertritt nicht unsere Interessen, heißt es, der Zorn auf die EG-Landwirtschaftspolitik kommt noch dazu: Der Azorenwein *Vinho de Cheiro* darf nicht nach Europa exportiert werden, die Milchpreise sinken. Die Landwirte sehen sich in ihrer Existenz bedroht. Als ich von Ponta Delgada mit gemischten Gefühlen abfliege, regnet es, ist São Miguel wolkenverhangen. Ein Azorenhoch, das Europa schönes Wetter bringt, baut sich auf. Den Käse *Queijo da Ilha* für die Schweineküche von Senhor Neves habe ich natürlich vergessen!

Alentejo, sanft gewelltes, karges 'Hinterland'

Portugal

Genehmigte Lizenzausgabe für
Verlagshaus Würzburg GmbH & Co. KG, Würzburg

Karte: Liselotte Lüddecke, Hannover

Druck/Bindung: Offizin Andersen Nexö, Leipzig

Printed in Germany 2001

ISBN 3-8003-1550-5

Leica-Foto

Karl-Heinz Raach

Jahrgang 1959, studierte Ethnologie und Soziologie. Seit 1984 arbeitet er als freier Fotojournalist u. a. für das SZ-Magazin, das ZEITmagazin und den Stern. Neben zahlreichen Fotokunstkalendern hat er mehrere Bildbände veröffentlicht, u. a. Wanderschäfer, Kanada, Irland, Schottland und die Azoren. Im KaJo-Verlag erschienen 1991 *Bilder aus der Arktis* und 1993 *Fahrrad-Bilder.* Karl-Heinz Raach ist Mitbegründer der Fotografenagentur *LOOK* in München, Mitglied im „Bund Freischaffender Fotodesigner“ (BFF) und in der „Deutschen Gesellschaft für Photografie e.V.“ (DGPh). Er wohnt in Merzhausen bei Freiburg. Alle Aufnahmen in diesem Band entstanden mit LEICA-Spiegelreflexkameras.

Jochen Faget

Geboren 1958 in Tirschenreuth/Oberpfalz. Nach Abitur und journalistischer Ausbildung aus klimatischen Gründen lange vor Portugals EG-Beitritt ins westlichste Land Europas umgezogen. Er arbeitete zunächst als Deutschlehrer am Goethe-Institut in Coimbra, später als Leiter einer Buchimportfirma in Lissabon. Seit Jahren ist er als freier Journalist tätig. Hauptinteressensgebiete: Lusitanien und seine Spuren in der Welt, Afrika, vor allem das portugiesischsprachige. Sonne, Meer und Strand.